文化與創意

李連杰：一個博愛的「功夫皇帝」
洪金寶：真性情的功夫電影「大哥大」
《讀庫》張立憲：以互聯網思維做出版
陳久霖到陳久霖：從一代梟雄到和藹中年的背後
陳久霖：我眼中的褚時健
伍繼廷：「歸來者」的旗幟
黃怒波和他的那些村落

陸新之 著

松燁文化

目錄

文商六人譚

李連杰：一個博愛的「功夫皇帝」

洪金寶：真性情的功夫電影「大哥大」

伍繼延：「歸來者」的旗幟

雷平陽：故鄉的「僕役」

《讀庫》張立憲：以互聯網思維做出版

管士光：編輯是我一生的選擇

眾生·夢

黃怒波和他的那些村落

探祕真愛夢想基金會：極客公益煉成記

子雯：人吶，就是一個傳導體

小奧遊戲李婭：遊戲是娛樂，也是媒介

陳龍：中國正處於金融的黃金時代

鈦妹趙何娟：媒體注定是細水長流的

路妍：我想把這壺綠茶沏到剛剛好

風沙淨處

文化與創意

陳九霖說企業與理想

陳久霖到陳九霖：從一代梟雄到和藹中年的背後

我曾是石油行業的龍頭公司的「打工皇帝」

談責任與擔當太沉重

「股神」是對巴菲特的曲解

我眼中的褚時健

盼「寶萬之爭」勿重演中國航油事件的歷史悲劇

盈利為先，因時而變

撰稿人

「常讀」系列編委會

（名單以姓氏筆畫為序）

王煒，現為樂錢創始人兼CEO，曾任中國工商銀行、國泰君安、IBM、新浪網、鳳凰新媒體與和訊網高管。

仲偉志，區域經濟專家，原《經濟觀察報》執行總編輯，現任《投資時報》總編輯。

汪青，歷史研究學者，同時也是中國著名古兵器收藏和研究者。

吳聲，羅輯思維聯合創始人，互聯網專家。

吳伯凡，學者，作家，雜誌發行人。

陸新之，基金合夥人，文化機構聯合創始人，中央電視台財經評論員。

張春蔚，陽春科技聯合創始人，《財經郎眼》、《對話》、《等著我》等多檔電視節目嘉賓、策劃，曾任職於《南方週末》、《金融時報》。

孟雷，作家，《經濟觀察報》社委、總經理。

姚長盛，著名電視節目主持人。

駱明，《體壇週報》副總編輯，國際「金球獎」媒體評委，足球專家。

魏航，足球專家，原體壇網總編輯。

你一定很少看書了，因為累；雜誌也懶得看了，因為忙。

但你依然在看和讀：早起的枕畔，浴室裡面，午飯後的瞌睡間歇，臨睡前的掙扎，你不時點開的手機螢幕上……

文化 與 創意

　　我們不能給你閱讀的理由，但我們知道，有些內容可以讓你的朋友圈更優雅。

　　我們不能拼接你碎片化的時間，但我們相信，有些閱讀可以讓你放慢腳步，哪怕只是假裝。

李連杰：一個博愛的「功夫皇帝」

文／張海

那些人為製造出來的大排場，其實完全是虛幻的。漸漸地，當我能夠忍受並安穩地睡在地板上時，我才真正瞭解到什麼是真、什麼是假。

行走江湖：用真功夫推廣中國武術

1982年，李連杰因出演《少林寺》中的覺遠小和尚成為武打明星，從此他對功夫電影有了更加濃厚的興趣。為此，他不僅從武術隊退役，還移居香港開始新的演藝事業。此後20多年，在華語動作片的幾次高峰和低潮中，李連杰始終用實力證明自己，用拳腳打出了一片屬於自己的廣闊天地。

儘管最初有不少人認為李連杰並不適合出演香港功夫片，但事實證明，天時地利人和，加上幾十年的汗水甚至血淚，足以讓他「黃袍加身」，成為實至名歸的「功夫皇帝」。而在行走江湖的這幾十年裡，李連杰竭盡全力所做的，不僅是「透過功夫肯定自己存在的價值」，更是「藉電影肯定中國武術」。

少年冠軍的習武之路

在我8歲那年的夏天，母親將我送進了什剎海體校的暑假學習班，也就是現在的北京體育學院。原本，母親和其他同齡小孩的家長一樣，只是不希望我無所事事地到處閒逛，浪費掉一個多月的假期。可沒想到，我竟然糊裡糊塗地被分到

文化與創意

了武術班。在這之前，我從沒想過要習武，更沒料到我今後的人生再也離不開武術了。

一個多月的暑期武術班結束後，我又開始上學了，可突然有一天，我竟然被通知每天下午放學後繼續去什剎海體校訓練。當時，和我一起接到通知的學生有20多個，我是他們中最小的。剛開始，我還覺得這種生活很有趣。可慢慢地，新鮮感就過去了，訓練也變得越來越辛苦。我清楚地記得，3個月後，有一部分學生就退出了訓練，又過了一段時間，最初參加訓練的20多個人就只剩4個人了，我是其中之一。

當時的我並不清楚到底為什麼要參加這樣的訓練，但看到僅剩的幾名同伴，竟不由地萌生出一個念頭——我一定要堅持下去，一定不能半途而廢。現在回想起來，我都不知道是什麼支撐著我度過了那又苦又累的一年。

直到一年之後，也就是九歲那年的夏天，當我準備參加平生第一次比賽的時候，我才知道辛苦了那麼長時間，終於要做一件大事了。

那是「文化大革命」以後的第一次全國武術比賽，但它既不是由政府舉辦的，也沒有獎金，唯一的獎品是獲第一名的參賽者會被公認為「優勝者」。這樣的規則，如果放到今天，可能會被大家傳為「笑柄」。可奇怪的是，當時的我竟被這種獎品吸引，鬼使神差地去山東濟南參賽。那又是我生平第一次離家，第一次離開北京。

要去濟南的那天早晨，母親哭了，她放心不下我。可那時我已如箭在弦上，如果不去，我知道自己一定會不甘心，會後悔的。所以，我還是下決心踏出了那一步，最後成為比賽優勝者。

回到北京後，我以為又要繼續以前白天上學、傍晚練武的生活。可沒想到，有一天我突然接到通知，說從現在開始每天只用上半天學，其餘時間都要用來練武。這一回，訓練強度比之前又大了許多，因為我們的任務非比尋常，至少當時還沒有見過大世面的我是這樣認為的。

那時，中國要舉辦泛亞非拉美乒乓球錦標賽，這是一次意義相當重大的外交

8

賽事。所以，我們要把中華民族最優秀的傳統文化展現給國外友人，其中一個重要的方式就是在開幕式上表演節目。那麼，除了京戲、舞蹈等以外，中華武術也是必不可少的表演項目。

在登台表演之前，我的家人比我還緊張，他們擔心我會在表演時出錯。可實際上，到了真正要登台的那個時刻，我們想出錯都錯不了，因為練得實在太熟了。我們武術團一共要表演5個節目，我參加了其中的3個節目。表演前的那段日子裡，我們真是累得夠嗆，每天下午幾乎不停歇地訓練，前前後後光綵排就有12次，每次都有高層長官來評估。

但這樣的付出是有回報的，那天的表演很成功，我們甚至獲得了意外的驚喜，就是被周恩來總理接見。可以想像，總理親自接見並稱讚你的表演，那會讓人多麼自豪。對於當時只有9歲的我來說，這真是終生難忘的大事！

被總理接見之後，我在什剎海周圍算是有些名氣了，親朋好友、學校老師們都或多或少地認為我是個可造之材。可偏偏到了那個時候，我自己還雲裡霧裡，仍然不知道練武有什麼用。

理想是當個公園看門人

我還記得，上小學時，家長、老師總愛問我們「長大了想當什麼」、「有什麼理想、志向」之類的問題。剛開始，大人問我的志向，我就說當軍人、警察，或是當農民什麼的，但其實這都不是自己內心真正的想法，是被灌輸進去的。後來，我認真思考了這個問題，等老師問到我的時候，我說：「我要當看守公園的」。老師聽完很不高興，覺得我是優等生，卻沒有進取心。

那個時候還處在「文化大革命」時期，北海公園是不對外開放的，但我們武術隊有一個特權，即隊員可以經常去公園裡跑步。那時一進到公園裡，感受到那種寧靜，我就有一種莫名其妙的開心。看著澆花的人與世無爭地跟花「交流」，看著黃昏時的晚霞，我覺得那真是太美了，我太喜歡了，所以就萌生出「看公園」的想法。

文化與創意

不過，想歸想，這樣的「理想」終究有點不實際，更何況家裡的生活負擔一直很重，母親一個人撫養我們五個兄弟姐妹十分不易。於是，在慢慢長大的過程中，我也開始認識到金錢的重要性，知道沒有錢，一家人的生活始終是好過不了的。所以，到15歲的時候，我就想著要爭光，要賺點錢補貼家用。但那時我在武術隊只能拿到每月5元的補助，按照規定，等到了16歲我才能有固定的工資。

但事在人為，後來我的工資跳得很快，因為拿一塊金牌就可以漲一級工資。13歲時我拿了好幾塊武術比賽金牌，就直接跳過了16元、19元、26元的幾個檔次，一下子拿到43元工資。再到16歲，我又一口氣在第四屆全運會上拿下5塊金牌，工資一下跳到88元。1970年代的時候，88元相當於一個教授、高級工程師的工資水準，也就是人們說的八級工資，已經到頂了。

可是，人生的路永遠沒有盡頭，說不上哪一天，我們又會到達另一個頂峰，或者有更大的突破。而我的突破，就是我在幾年後從武術隊退役，改行當演員。

光頭「覺遠」留名電影史冊

在接觸武術的頭一個10年中，我的生活基本上都是在頻繁的武術比賽、表演中度過的。到了1979年，我開始考慮為自己選擇一條新的道路，而電影《少林寺》給了我這個機會。

其實，我能夠走入影視圈，拍功夫電影，這還要從11歲時的一次訪問表演說起。1974年，我們武術隊被派去美國進行訪問表演，經過香港時也在那裡表演了一場。據說當時香港銀都公司一眼就看中我，想讓我留下來拍戲，但代表團以我年齡太小婉言謝絕了，銀都則說他們可以等。

這件事，當時大家誰都沒有放在心上，以為只是人家的一句客氣話。可沒想到，到1980年，香港導演張鑫炎準備開拍《少林寺》時，竟還能想起6年前表演過武術的我，並打算讓我出演片中主角。

從小失去父親的我，性格既調皮又叛逆，且對世事充滿好奇，對拍電影之事自然也很感興趣。於是，我毫不猶豫地走進了《少林寺》的片場，並出演片中主

10

角覺遠和尚。這部影片的導演原本是陳文，他打算全部起用河南京劇團的演員進行拍攝。但製片方對拍出的效果十分不滿，張鑫炎導演才被請來救場。張鑫炎進組後，決定推翻以前拍的所有素材，並重新挑選演員。他認為，在此之前，與少林寺有關的影視作品已有130多部，《少林寺》要想從中脫穎而出，就必須推陳出新。於是他決定，劇中所有參與武戲的演員都從武術運動員中挑選。他要拍一部前所未有的、一反香港功夫電影只注重花架式表演和賣弄鏡頭技巧舊模式的經典作品，而我就是在這時被他相中的。

很多人覺得我身材矮小，長相又顯得太過正氣，形象比較單調，並不符合香港功夫電影一貫的審美要求。但張導認為，《少林寺》裡的「覺遠」是個少年僧人，不需要多麼高大的身材，而我生來一張娃娃臉，正好適合這個角色。就這樣，我第一次拍電影，就飾演了第一男主角。

我還記得在片中扮演「禿鷹」的計春華曾說：「《少林寺》裡的每個演員都是一張白紙」。我對此非常贊同。影片開拍之後，我們根本不知道什麼叫表演，怎樣做才會有鏡頭感，對什麼事都一無所知。導演握個拳頭說：「往這兒看！」我們就往他那兒看。而拍打戲的時候，我們也沒有動作指導，導演告訴每個人需要打多長時間、從哪裡開始、到哪裡結束，之後我們就開始準備，到誰的鏡頭誰就自己設計動作。

那時，作為演員的我們誰都沒有想到影片最後竟能成為電影史上的一個經典。當年，《少林寺》的電影票僅一毛錢一張，最終卻創下了上億元的票房。我們更加沒有想到的是，此後的近10年時間裡，《少林寺》都是中國武打類型片的典範。

這部電影是我的電影處女作，它幾乎改變了我一生的命運，讓我從一個國家體制內的武術運動員漸漸轉變為功夫電影演員。後來，我發現《少林寺》改變的不只是我一個人，我聽說很多年輕人都因為這部影片而愛上武術，並且選擇去少林寺習武。更重要的是，影片還改變了當時政府對武術的態度。早在1979年的時候，政府就準備從各大體育賽事中取消武術這個比賽項目，但由於《少林寺》的成功讓更多人開始重視武術，政府便決定繼續保留這個項目，並將其推向後來

文化與創意

的亞運會、奧運會。

所以，多年後再回想《少林寺》這部電影，讓我感覺最自豪的，並不是自己當時多受歡迎與追捧，而是我們用中國武術開創了真功夫電影的先河，讓中國內外所有看到這部影片的人都相信，真功夫仍在中國。這是對我自己的肯定，更是對中國武術的肯定。

拍完《少林寺》後，我收到了人生中的第一張600萬元支票。雖然我很清楚這些錢是要交給單位的，但是我仍記得當時的感受是，要趕快拿回來，把錢存進銀行裡，然後對家裡人說上山下鄉的兄弟姐妹全都回來吧，我養了。此前，在拍《少林寺》的兩年中，我每天只能拿到一兩塊錢的勞務費，家庭的生活壓力一直都很大。也正是這種來自「錢」的強大刺激，讓我最終選擇了進入演藝圈。

讓每一個電影角色都接近完美

拍完《少林寺》之後，我對電影就很熱衷了。但由於身處武術隊，從1980年到1988年，這9年的時間裡，我只拍了4部電影。而比我出道晚的很多人，都已經拍了二三十部影片。所以，那時我有種懷才不遇的感覺，心裡總想著青春有限，卻沒有機會去拍自己喜歡的電影，這是一個挺大的衝擊。

後來，我仔細思考後，覺得在過去20多年的人生裡，自己推廣中國武術的任務已完成了一大半，接下來的日子裡，我應該為自己的生命做一次主了。於是，1988年7月2日，我辭去武術隊所有職務，去了香港。那一天對我來說很重要，可以說標誌著我第一次獲得自己想要的自由。

離開武術隊之後，我先去了美國。那時，我其實並不適應美國的環境。雖然小時候來來回回去過那裡很多次，去表演武術，但是真正離開武術隊這個團體，一個人在那裡生活的時候，我還是會有種莫名的壓力和恐懼。

比其他留學生或在海外生活的新移民幸運的是，我去美國的時候，已經有電影公司在等著我。在那裡，我拍的第一部電影，是羅文導演的《龍在天涯》。可是，這部電影充斥著港式功夫片的味道，在當時還不對美國主流社會的胃口，所

12

以最後並不是很成功。

於是，我又轉回香港。在那裡，我的人生出現了一個轉折——導演徐克為我量身打造了《黃飛鴻》系列電影，這讓我很快迎來了自己演藝事業的第二個高峰。也因為這一轉折，後來我才有機會組建自己的公司，拍《方世玉》、《中南海保鏢》、《精武英雄》等更多的功夫電影。

說起《黃飛鴻》系列，我印象更深的是和導演徐克的合作經歷。第一次見徐克，還是在1985年，那時我拍完了《南北少林》和《中華英雄》，但與之前的《少林寺》和《少林小子》相比，已很難再有突破，影片票房也不如預期。於是，張鑫炎導演便引薦我去見徐克，他說這位留美歸來的年輕導演很有想法。

與徐克會面之後，我們相談甚歡，他也很想與我合作拍電影。但那時我還是國家武術隊的人，不能獨立接拍港片，所以此事暫時擱置了。待1980年代末我徹底離開武術隊，在香港與徐克導演再次碰面時，我們的合作便正式開始了。

起初，徐克導演先和我拍了電影《龍行天下》，講述的是黃飛鴻再傳弟子的故事。正如張鑫炎導演說的，徐克是個很有想法的人。在他之前，香港已有許多黃飛鴻題材的電影，但那些電影所表現的黃飛鴻形象都很刻板：頭戴瓜皮帽的古板中年人，練南派武功，不苟言笑。這樣的銀幕人物沒有鮮明的個性，不會產生很強的感染力。

於是，徐克導演就根據我的長相與特長，設計出一個更年輕、更加英姿勃發的黃飛鴻形象。這個黃飛鴻不僅會一套瀟灑、舒展的北派功夫，還有毫不遜色於徒弟們的搞笑功夫。

徐克導演曾說，那個年代的香港功夫電影裡，沒有一個真正安穩、可靠的英雄，每一個英雄都有缺點，都不完美。所以，他希望自己打造的黃飛鴻是一個完美的銀幕形象。而之所以選中我出演黃飛鴻，他說是因為我跟其他人的氣場不同，他感覺我這個人有內涵、有正義感，而且在中國武術界有一定的地位。這些因素加起來，讓他覺得我可以勝任這個英雄偶像的角色。

我知道，徐克導演對我的期待很高，也知道拍電影是一次性的藝術，不能修

文化與創意

改，完成後觀眾喜歡與否，我們都不能再改變。所以，跟他合作之後，我對自己的要求也越來越嚴格，儘可能讓自己出演的每一個角色都接近完美。

我記得1980年代末的時候，大多數香港電影花20多天就能拍完，但跟徐克導演拍《黃飛鴻之壯志凌雲》時，我們用了整整8個月時間，其間換了好多個武術指導和攝影師。有一次，我的搭檔關之琳就坐在片場悠然地說：「我坐在這兒都15天了，還沒拍過一個鏡頭呢」。

可見，徐克導演對影片的態度是十分嚴謹的。若非如此，《黃飛鴻》系列也不可能在整個亞洲範圍內都大獲好評。作為主演的我，也不會在香港的大街上被人叫三年「黃師傅」。

在《黃飛鴻》系列後，我正好趕上了香港功夫電影的黃金時代，隨後接連拍了《方世玉》、《倚天屠龍記之魔教教主》、《太極張三丰》、《精武英雄》、《中南海保鏢》等許多影片。受徐克導演的影響，在拍每一部電影時，我都提醒自己，要呈獻給觀眾最完美的形象。

拿《中南海保鏢》來說，與我之前所拍的電影相比，這部電影裡的槍戰較多。雖然開槍並不是我的專長，但是在這樣的影片中，槍戰戲能大大增強整個電影的節奏感與時尚感，所以我必須從其他方面來彌補自己拍槍戰戲的不足。後來，我們在一些重頭動作戲中著重渲染氣氛，比如片中我與倪星在充滿煤氣的廚房裡對決的那段戲，倪星展現的是張揚狠辣加三分邪氣的動作風格，而我則要表現得迅捷沉穩。這樣，兩人就會形成鮮明的對比，將緊張與危險的情緒表達得更透徹，開槍等動作上的不足則會被掩蓋。

後來，在去美國好萊塢發展的時候，我更是打起十二分的精神去拍每一個鏡頭，做每一個武打動作。那時，我在不少影片中出演反派角色，很多影迷，以及朋友、家人都擔心我會毀了之前塑造得很成功的英雄形象。但我一直認為，我只是一個演員，是一個普通人，我演一些英雄人物，但我不是英雄，我演壞人，我也不是壞人。電影是種藝術，怎麼樣能夠塑造出近乎完美的角色，那才是最主要的。

在內心深處，我覺得在國外拍電影，我代表的不僅是自己，更是所有中國

人;我去好萊塢,也不光是為了肯定自己,實現自己的價值,還為了肯定中國武術,向全世界推廣真功夫。

人生沒有過不去的坎兒

每個人的一生,都會走過不少坎坷路,但李連杰邁過的那些坎兒,似乎更讓人震撼。接觸武術的第一個10年,他在訓練中摔斷了腿,過後的20多年裡,他冒著殘廢的危險繼續拍電影,其間又面臨種種困擾與挑戰。2004年這一年中,他更是3次瀕臨死亡的邊緣。

可是,每一次面臨困境,他都會坦然、樂觀地應對一切,他選擇用最好的心態去看待每件事。正如他自己所說:「事已至此,就不必難過,人生沒有過不去的坎兒」。

三級殘疾證和內心的掙扎

從8歲習武到現在,好像每過10年,我都會遇到一個坎兒。如今,我已經順利邁過多道坎兒,但回想起來,一件件往事都是那麼刻骨銘心。

我所面臨的第一次困境,應該算是拍完《少林寺》後摔斷腿的時候。不過,一切都像是命中注定一樣,《少林寺》讓我對功夫電影產生了濃厚興趣;而意外摔斷腿,又讓我很難繼續在武術隊接受訓練。於是,這也成了我從武術隊退役的一個理由。

可話說回來,那次我所受的傷並不輕,一條腿的三根筋斷了,還有一根骨頭也摔斷了。在醫院裡做了7個小時的手術,出來後問醫生,醫生說能夠保證我正常行走,但此後我不能再做劇烈運動。那時候我只有19歲,還很年輕,這樣的消息對我來說是非常大的打擊。想到自己的運動生涯就此結束,又不知道如何面對將來,我心裡難過極了,還偷偷躲起來大哭了一場。

哭過之後,我開始考慮自己將來能做什麼,如果不能練武,不知道還能不能拍電影。當時《少林寺》已拍完,我發現自己很喜歡電影,希望將來能夠進入電

影界。可轉念一想，我的腿斷了，電影公司不要我怎麼辦呢？

不久之後，《少林寺》在香港上映，製片公司安排我去那裡宣傳。但他們完全封鎖了我受傷的消息，在宣傳過程中我只是假裝表演一些武術動作，其實自己根本動不了。但當時的場面很轟動，大家望著我時，好像眼神裡充滿了對一個突然冒出來的功夫神童的崇拜。那種情況下，我更加痛苦、害怕了，我知道所有這一切可能馬上就要消失了，我可能再也無法拍電影。可我不甘心，我不想就這樣徹底放棄。

後來，我問醫生，如果我硬是要做一些劇烈運動會怎麼樣？他說腿還是會斷的。我說再斷了呢？他說那就再接！我說再斷了呢？他說，到最後筋不夠長了，就沒辦法再接，這條腿就會癱瘓，不能再用了。

那時，我還真的領了國家的因公三級殘疾證。既然是因公殘疾，那我就問將來能得到什麼好處。政府部門的人告訴我說，退休後我會拿到一些補助，能夠保證不被餓死。後來我又仔細想了想，難道真的要拿著這本殘疾證，碌碌無為地過完餘生嗎？不，我不想當個廢人。在有生之年，我要做一些自己喜歡的事，哪怕冒著癱瘓的危險。就這樣，我在接下來的幾年時間裡繼續拍電影，雖然作品不多，但是至少讓我覺得自己離癱瘓還很遠。

可是，不久之後，我又陷入了兩難的境地。有人出300萬元找我拍電影，這原本是件好事，意味著演藝圈裡已經有我的一席之地了，而且300萬元在1980年代可不是個小數目，那時我們每月的工資才幾十元。但對當時的我而言，這突如其來的機會並沒有給我帶來太多喜悅，反而讓我很痛苦、很掙扎。因為體制問題，拍電影的事自己還不能做主。

從小失去父親的我，雖然沒有受到母親的太多管束，但是也不可能自己想做什麼就做什麼。儘管家庭生活壓力很大，我們很需要錢，但我心裡總覺得，離開了單位好像就會對不起國家。所以，這種內心掙扎時所受的煎熬，一點都不比摔斷腿後的肉體打擊少。

在香港警察的保護下拍戲

在1990年代以前，香港電影以警匪片居多，但《黃飛鴻》系列及《東方不敗》等影片，一下子掀起了古裝電影的浪潮。而隨後幾年，正好是香港比較動盪的時期，黑社會勢力比較龐大，他們常常會介入電影圈中。那時，我才感覺「商場如戰場」這句話一點兒都沒錯。

我當時的處境，用江湖上的話說，就是「一隻會下蛋的雞」，人人都想拿這只「雞」賺錢。可「雞」僅有一隻，這個時候，一些幫派就開始搶人，我的人身安全自然受到威脅。

記得在拍《中南海保鏢》時，我在電影裡演保鏢去保護別人。可在現實生活中，為了保證我的安全，香港政府派了9個便衣警察在我身邊，開車的司機、我的助手、幫我們做飯的人，全都是警察。

在警察的保護下，我的工作和生活還算順利。可不久之後，我身邊發生了一件非常轟動的事情——我的一位經紀人被槍殺。這對我來說的確是一個不小的震撼，但那時候的我已經不是初入電影圈的愣頭小子了。我已變得很堅強，這種堅強來源於我至今仍然非常感激的一個人。

自到了香港之後，我就在那個相對陌生的地方，試圖尋找任何可以生存的空間或縫隙。可我不幸地趕上了香港社會比較混亂的年代，夢想乃至生命隨時都有可能被終結。就在我感到茫然無措的時候，有個人告訴我一句話，他說大家要的是蛋，而不是雞，所以不會殺了那隻雞。

這句話給了我很大的啟發，我想既然如此，我為什麼不趁還有能力「生蛋」之時，做一些自己最想做的事。雖然周圍亂成一片，但是我已經知道底線了，就豁出去自己闖一回。所以之後不久，我就組建了自己的公司，也就有了《方世玉》、《中南海保鏢》等影片。

混好萊塢要有「仙人掌」精神

1990年代中後期，我在亞洲演藝圈已經做得不錯了。這時，我想我應該有更大的突破，因為我在亞洲很出名，不代表在美國、在全世界都出名，何況我推

文化與創意

廣中國功夫的範圍也不能侷限於亞洲。

於是，我決定去好萊塢發展，在那裡開拓一片屬於華人影星的市場。這個時候，真正受困擾的其實不是我自己，而是身邊愛護我、關心我的人。他們可能覺得我在亞洲已經很成功了，突然拋下這一切去美國，幾乎要從零做起，這樣不值得。也有人說去了美國，我可能會不受重視，甚至被歧視，最後我可能會很痛苦。

事實上，不管是在好萊塢拍戲的過程中，還是回國之後，我都不後悔當初的選擇。的確，初到好萊塢，我也遇到過不少坎兒，但當我一步步走到最後的時候，我覺得一切都很值得，而我也獲得了一定的成功。

在好萊塢拍第一部電影前，電影公司說給我100萬元演一個反派。這樣的酬勞水準的確不高，但至少是個機會。於是，猶豫一陣後我問對方，能不能讓我先試試。這麼一說，人家就把酬勞降到了75萬元，因為對他們來說，「試試」就意味著此事存在不確定性，而且要多花時間。但機不可失，我知道如果再講下去，他們還會繼續將75萬元降為50萬元。按照合約，他們喊出一個價位時，只要對方喊出接受，他們就不可以再改變價格了。

就這樣，我在好萊塢接拍了第一部以反派形象出現的電影。後來我漸漸意識到，真正的商業市場是很殘酷的，好萊塢也有不同於其他地方的遊戲規則，我既然走進了那裡，就得按那裡的規矩行事。

我一生都沒試過鏡，拍第一部電影時就演主角。可到了好萊塢，我就成了一個新人，拍片之前必須試鏡。那個時候我已經很成熟了，我很清楚，不管自己以前有多紅，現在到了新的環境裡，可能根本沒人知道我是誰。我想起北方人常說的一句話：「要知道自己吃幾碗乾飯」。我要抓住每一個機會，正確地面對自己，挑戰自己。後來，我倒過來一想，就更加明白了。如果有一個印度大腕在印度紅遍天下，我們中國人沒聽說過，那我們夠不夠膽請他來中國主演一個華語影片呢？如果他真的來了，我們是不是也得讓他試試鏡呢？換位思考之後，就覺得自己去試鏡的事是很正常的。我一直都相信，外面沒有敵人，不管社會多麼複雜，真正的敵人和對手都是自己。所以，我要做的就是把握好每一個機會，勇敢

地挑戰自己。

不過，對我來說，比試鏡更大的挑戰，是如何講出最恰當的英文台詞。記得我和梅爾吉勃遜對過一場戲，當時我就像個小學生，跟背書一樣把台詞背得滾瓜爛熟，可開拍後人家又改了詞。面對這種狀況，我很緊張，還鬧了不少笑話。

很多時候，我以為自己講出的英文很清楚，可導演、搭檔們還是會覺得聲音不對或者語氣不對。到後來，我每天要做的最重要的事，就是學語言，讓每一句台詞的聲音、語氣都符合電影場景、人物個性等，而不僅僅是像背課本一樣記住它。

除此之外，我在美國拍戲的那段日子，一個很深的感受是，好萊塢需要的是鐵人般的體魄，沒有健壯的身體和「仙人掌」精神，我們是很難混下去的。

記得拍《救世主》的時候，最辛苦的戲分就是「跑步」。有一晚，劇組在洛杉磯的城市中心封鎖了20條街，直升機在頭頂飛，我就在街上奔跑。但那場戲並不是一次就能完成的，我跑了一趟又一趟，跑到快要休克的時候，已經接近夜裡12點。為了不影響居民休息，夜裡12點之後直升機是被禁飛的，但導演想抓緊最後幾分鐘時間拍出更完美的鏡頭，於是提出「再來一遍」。那個時候，我就在想，如果自己能像機器人一樣有源源不斷的能量，那該多好。

不過，這麼多的挑戰，也讓我變得更加堅強，更加出色。回想在好萊塢闖蕩的過程，有掙扎，有煩惱，也有喜悅。在那個過程中，我學到了很多知識和經驗，也拍出了不少好的影片，一些以母語出演而配上英文字幕的電影，仍然可以同時在兩千家以上的影院上映，我覺得很知足，很開心。

2004年，三次與死亡擦肩而過

2004年的時候，我人生中的又一道坎兒出現了，那就是接受生死的考驗。而且這一年裡，我連續3次從死亡的邊緣掙脫出來，不知道這算是幸運，還是不幸。

第一次與死亡擦肩而過，是我和家人在馬爾地夫渡假的時候。當時我們遭遇

文化與創意

了印度洋海嘯。海浪衝上來的時候，我們都懵了，不知道發生了什麼事情。等到發現不對勁，抱起孩子轉身往岸上走時，海水已淹到膝蓋上，再走兩步後就淹到腰上了。水一齊腰，我們就走不動了，再堅持走兩步後水已到胸口，而保姆已經在喝水了。就那麼一剎那，如果海水再高一點，一切可能都結束了。其實，在那短短幾十秒的時間裡，我們並沒有受到太大驚嚇，因為根本沒反應過來是怎麼回事，真正開始害怕是在第一次浪潮退下之後，有人告訴我們說兩個小時後海嘯還會再來。而等待第二次海浪的過程，非常考驗人，也非常恐怖，就像在等待死亡。

在馬爾地夫那樣一個小島上，我們根本沒有什麼地方可以躲，島上陸地已經全部被水淹沒，水最高的地方都已經淹過人的膝蓋。我們酒店的房間裡，冰箱都浸在水中。

後來，我想起以前拍災難電影時的情景，就把那時的經驗全用上了。我們把酒店裡的人全集中在一起，然後第一個問題就是查有淡水嗎？夠用幾天？酒店工作人員查點後，發現所有的淡水夠我們這些人用5天，糧食也差不多夠用5天。所以接下來，我們就集中在一起分水、分食物。

有經驗的人說這種海嘯過去以後，兩個小時後還會再回來，那我們就要分救生衣了。那個時候，我真正體會到「地球是一家人」的概念，因為不是某一個人在做這些事，酒店裡的200多人中有黑人、有白人，還有我們黃種人，大家不分國籍、宗教等，都很自覺地先把東西分給小孩、婦女。

當時，我的孩子一個4歲，一個才1歲，講什麼她們都不太懂，只好給她們點吃的，儘量減少她們的緊張感。終於，透過所有人的互相幫助與鼓勵，我們堅持下來並等來了卡達王室派來的救援直升機。災難過後，我很清楚對孩子的心理關懷有多重要，因為恐懼的陰影會持續很長一段時間。後來，我花了很長時間讓孩子們慢慢適應水，讓她們漸漸瞭解，水並不是那麼可怕。

在逃過那一劫之後，有人問我當時面對死亡的感受，還說假如生命就此結束，我會不會遺憾。其實，當時的我很坦然，我覺得如果這一刻要結束生命的話，就這樣結束吧，這是我沒辦法反抗的。

可我沒有料到的是，海嘯之後，我很快又「中彩」了。那是拍電影《霍元甲》的時候，我不小心從4公尺高的貨台上摔了下去，糊里糊塗地落了地。落地以後，我倒覺得沒什麼事，還自己爬起來，但旁邊的人都嚇壞了。後來去了醫院，醫生說要是摔得再偏一點，我的腿就斷掉了。所以，那次的腿傷本身並不十分嚴重，真正威脅到我的其實是內傷，是身體裡的瘀血。

腿傷痊癒後，我經常去四川、青海、西藏等地拍戲。但一次在西藏，我到海拔4600公尺高的地方住了3天，後來突然就歪倒在地，呼吸變得很急促，越來越喘不過氣，原因是之前受傷時的瘀血未消散。當時，我知道自己的情況已經比較嚴重，但氧氣不夠用了，我必須盡快往低海拔處走，而要走到最近的有氧氣的地方，還要3個小時。

在走的過程中，我想了很多，包括「錢和價值」的問題。我想，如果前方不遠處有一袋氧氣，賣10元人民幣，那我願意給他1000萬元。1000萬元換一條生命，到底金錢與生命的價值是怎樣的呢？

所有這些問題中，並不包括給兒女的錢沒存好、這個房子怎麼辦、那個東西或電影的分紅交給誰等。這一切，我一早就放開了，放開後煩惱就少了，也不再害怕什麼了。我想事已至此，那也不必太難過，人生沒有過不去的坎兒。

║ 尋找生命的答案

到了40歲，李連杰說他好像已走過了其他人一生要走的路。的確，這些年來，他經歷過人生的種種幸與不幸。在此之後，他潛心修佛，與智者交流，目的就是尋找讓心永遠平靜、快樂的方法，因為再多的物質都換不回永恆的快樂。而在修心的過程中，他也漸漸悟到武術的最高境界，並將其在自己一部武術電影《霍元甲》中表現出來。

過度的民族主義不是好東西

從小所受的教育和所處的環境，讓我產生了很強的責任感、使命感，也讓自

文化與創意

己背上一種包袱。在武術隊的那些年，每次參加各種武術比賽，當市長講話的時候，我們都認為他代表著全市人民的心；每一次出國表演，我們都默默告訴自己，我代表著中華民族青少年的精神面貌。

一件比較有意思的事情是，11歲那年我拿到全國武術大賽的第一個冠軍，然後就去美國交流演出。當時的美國總統還是尼克森，演出結束後他問我：「你功夫這麼好，長大後做我的保鏢吧？」我想都沒想就對他說：「不，我要保護所有中國人，而不是你一個人」。

此話一出，場面有些尷尬。旁邊的季辛吉便圓場說：「你以後可以做外交家了」。事實上，在出國表演之前，我們已經被訓練了大半年的時間，學了很多外交辭令，被問到政治問題，我們要表達立場。但有時牽涉到國家情報、機密時，我們就要用「天氣好嗎」、「運動好嗎」等轉移話題。

因此，當時說「我要保衛全體中國人民」，確實是那個年代我被訓練出來的直接反應，有點民族主義的味道。但我記得尼克森總統說了一句話，他說中國是一個很偉大的國家，美國也是。如果這兩個大的國家能彼此溝通，彼此理解，就會對整個世界的和平造成很大作用。如今，幾十年過去了，回想起這句話，我仍然覺得很有道理。

我一直認為，民族主義是個好東西，但過度的民族主義就一定是壞東西。雖然從小就背負著強烈的使命感和民族榮譽感，但我所受的教育中也有「四海皆兄弟，中國人的朋友遍天下」的內容。美國人是我們的朋友，非洲人也是我們的朋友。這話毛主席說過，周總理也說過。所以，後來每次出去，我都以這樣的心態面對世界，試著拋下「你」、「我」這種根深蒂固的思想，希望五湖四海的人真正成為兄弟。

其實，到了現在，人們都很熟悉我所說的那些名詞，它和「全球一體化」、「地球村」的概念都是一致的。如今，很多東西我們根本分不清它是中國的還是美國的，又或是其他國家的，像一個品牌的貨物，可能美國買了原料，然後在中國生產，再銷往全世界。

再說10多年前流行的「打進好萊塢」這個詞，我有不同的觀點。如果好萊

塢的門根本不開，我們怎麼打進去呢？如果中國根本不開門進行貿易活動，國外品牌又怎麼打到我們這裡來呢？

在我看來，國與國之間，民族與民族之間，都存在著互動的關係，在這個互動關係網中，我們都是一個整體。所以，從武術表演到後來拍電影、做慈善，我始終都記著老祖宗們說的「天下為一家」，盡力用寬廣的胸懷應對每一件事。後來我拍電影《霍元甲》，就表達了這樣一種理念。

我們的功夫片，很多年來都以「打洋人」為首要內容。但《霍元甲》不是這樣，它要講的是，一個人真正的敵人是自己，是自己內心的恐懼和民族自尊心受到傷害後的憤怒、不甘。

很多情況下，當我們看到一個在中國受人尊敬、喜愛的演員在外國電影裡被人暴打，我們一定會說這部影片在「辱華」。但反過來想想，如果有外國演員在我們拍的影片中被打，那其他國家的人會不會說這是「辱洋」呢？我想基本不會。所以，《霍元甲》的整體思路就是告訴大家，要瞭解自己，並勇敢地戰勝自己，而不是讓大家看幾個不同膚色的種族打來打去。

人生在世，不能將所有的責任、使命都拋之於腦後，無論我們走到世界的哪一個角落，都不能做對不起民族的事，這應該是我們的底線。只要守住這個底線，我想，我們盡力做一些自己喜歡的事情也是無可厚非的，畢竟人生匆匆數十載，錯過之後再也無法回頭。

入禪境，看清自己

1997年的時候，我開始覺得物質並不能給人帶來真正長久的快樂。那時我雖然在好萊塢拍電影，但是心裡漸漸有了退休的想法，不想繼續拍電影了。

從小學就開始學武術的我，雖然沒什麼文化，但是平時很喜歡相對地看世界，比如會思考男女、父母、老師與學生的關係等。大家站在不同的立場上，就會有各自獨特的想法，一旦有人把自己的想法強加給別人，就會產生衝突，他們相處就不會和諧。從個人的角度講，我們每天都生活在「相對」裡。拿人的慾望

文化與創意

來說，從買彩色電視到買車子、買房子，我們的目標一步步實現，慾望也在不斷擴大。可是，當我們有了名、有了利的時候，當我們不斷前進的時候，又會在某個階段突然變得恍惚，這是因為我們接觸的人群不一樣，我們會與他人做對比。

我身邊有一些億萬富翁，我看到他們也一樣有很多困惑，也會不開心。小的時候，我的夢想是成為有錢人，以為有錢就能解決一切。可到頭來，有那麼多錢的人，仍然會為兒女操心，為婚姻擔憂，為自己的企業王國擔憂。於是，我明白了物質帶給我們的快樂是相對的和短暫的。但我怎麼樣才能找到一種可以讓內心變得永恆平靜的方法呢？

從那時開始，我就致力於尋找讓心永遠平靜、快樂的方法——其實就是追求生命的真正價值。我去了全國很多地方，找到一些我認為是智者的人，開始與他們交談。當時我大約找了四五十位智者，還跟著他們修行。這個過程中，我發現他們完全沒有任何自己的慾望，完全在付出。我能深切地感受到他們無私奉獻的精神，他們的每一個笑容，都會讓我深受感染。

在追尋心靈的答案、生命的價值時，我還有過一些平常人難以想像的經歷。其中一個是從日本到青海去「學死亡」，另一個是去美國「禁語」。

怎麼樣「學死亡」呢？其實就是學習如何面對死亡。2003年的時候，我去日本宣傳電影，當時真的是受到了國際巨星般的待遇，住著五星級大酒店的總統套房，周圍還有一大群保鏢，那種派頭真是不得了。可是，從日本回來，一下飛機我就進了青海，在那裡「修煉」起來。

我在青海待了3個星期，每天都用一個方法鍛鍊，進行簡單的修行。在生活方面，我每天都睡在地鋪上，3個星期沒洗過一次澡，也喝不到一杯燒開的水，環境真的很惡劣。有時突然想起巨星派頭與睡地鋪中年人之間的反差，我會覺得這個世界很可笑，那些人為製造出來的大排場，其實完全是虛幻的。漸漸地，當我能夠忍受並安穩地睡在地板上時，我才真正瞭解到什麼是真、什麼是假。

後來，我去美國參加一個「十天禁語」的修禪活動，這是很難得的一次人生經歷。在那10天裡，我們每天早上4點起床打坐。一炷香是45分鐘，我們要打坐兩炷香的時間，之後吃早餐，早餐後繼續打坐，打坐完又吃飯，然後一直坐到晚

上10點，睡覺也睡在地板上。

那次去修禪的大約有100人，其中70人是外國人，他們有學物理的、學心理學的，有工程師、會計師……。去之前，我以為全是中國人，沒想到中國人只有30人。大家還不能說話，都只能打坐。

禁語第一天，大家都很興奮，因為從沒有過這樣的經歷。第二天也比較開心，但之後就開始腰酸背痛，開始後悔，心想我在家裡那麼舒適，來這裡幹什麼。不過，四五天過去之後，我們就慢慢進入那個禪境中，心想反正已經來了，那就堅持做下去吧。以往我們被凡塵俗世困擾，用了太多時間去與自己之外的人和事鬥爭、較量；那麼在禁語修禪的時候，我們就該好好去看清自己，尋找自己生命的真意了。

十天禁語，其實是一個很有意思的事情。除了思考人生，我最大的感受就是：這一生走過的地方中，終於有一處沒人給我拍照，沒人找我要簽名，這種感覺太自由了！

禁語之後，我找到的第一個答案就是，人的痛苦、不快大都來自於比較。很多人都喜歡比較，可我不喜歡，我經常會跟朋友說，過去的事我都忘了，就像做了一場夢似的。我記得後來有網友問過我，說所有合作過的女明星中，覺得誰最棒，我告訴他的答案亦是如此。

《霍元甲》闡釋武術最高境界

當我們越來越瞭解「禪」的時候，就會發現自己的快樂只是冰山一角，而怎樣把其他人的痛苦都解決掉，怎樣為別人帶來快樂，這才是真正難辦的事。這個時候，人就會有一種悲憫心，希望能幫他人減少痛苦。

所以，在拍《霍元甲》的時候，我說過這是我最後一部功夫電影。因為我想在年過40的時候有一個轉折，放下包袱，向一個新的目標進發，這個目標就是從精神世界上推廣使人快樂的東西。

年過40的我，已不需要再向別人證明什麼。名與利，我都或多或少地得到

文化與創意

了一些。所以，此後我想放下以自我為中心的出發點，去回饋社會，與更多的人分享精神上的快樂。而到拍《霍元甲》的時候，我覺得自己從小背負的推廣中國武術的責任，也該畫個句號了。除此之外，我想把自己對武術的定義、為什麼練武及武術的最高境界是什麼等，都透過這樣一部電影描述出來。描述之後，我個人對武術的情結，也就放下了。

在《霍元甲》那部電影的最後，霍元甲已經去世後，有個少數民族的姑娘卻又看到他的幻影在打一套拳。很多人說那套拳編排得很好，看起來非常漂亮，又很灑脫。可實際上，那並不是專門編排的結果，而是對自己的心的釋放。

拍那場戲的時候，導演沒有設計動作，武術指導和周圍的朋友們就說，不管了，開機一次過就行了。開拍後，我根本不知道要怎麼打，只是帶著「此地僅自己一人」的心態在那裡舞動肢體，安靜地感受著自己的內心。

可以說，那是一個從有招到無招的過程。那個時候的霍元甲，已經掌握了精神力量，他不會給任何人帶來恐懼感，每個接近他的人都會感到安全，這就是武術的最高境界。在此之前，我認為練武還有兩層境界：第一層境界是學習武術的形式，並不斷重複它們，把自己的四肢化為武器並磨煉得越來越鋒利，這時武者的精力都集中在技藝上；第二層境界就是身體上的技藝已十分純熟，精神力量的重要性逐漸顯現出來，若能使對方感到恐懼或說服他，那就不用與他進行格鬥了。

愛，是最強大的力量

步入婚姻殿堂的利智，甘願在事業高峰期退出影壇，做李連杰背後的女人，為他打造一個美滿的家庭。但在通往幸福生活的道路上，他們也面臨眾多考驗。與死神搏鬥過的李連杰和利智，越來越認識到家庭的重要性。從那以後，他們更加珍惜一家人在一起的每時每刻。

然而，他們的愛並不是自私、狹隘的，他們都有著一顆博愛的、悲憫的心。所以，他們要將愛與快樂傳遞給更多的人，要盡自己最大的努力去幫助那些不幸

的人們。為此,他們共同創建了「壹基金」,用更科學的手段去做慈善。在回饋社會的過程中,他們正漸漸成為時代的楷模,而不僅僅是影視圈裡的前輩。

「十年之約」的愛情故事

「你如果什麼都失敗了,我養你一輩子」。我不知道有多少人從自己配偶或戀愛對象的口中聽到過這句話,但在我人生不如意之時,我的太太就這樣說過。對我而言,這是比任何東西都強大的力量。

我的太太利智是上海人,最初與她相識是我剛去美國拍《龍在天涯》的時候。當時,利智也參演了那部電影,與她初次見面的那一次,我呆住了,因為她說出的每一句話,都讓我覺得她比其他任何人更瞭解我。就這樣,我們一見鍾情。於是,我不顧一切地與前妻離了婚,把自己所有的財產都給了她,兩個女兒則由我來撫養。

我知道,外界對我和利智的感情,曾產生過一些爭議。但我可以很肯定地說,當時的我比任何時候都清醒,反而最初與前妻在一起的時候,因為太年輕又太早出名,所以自己比較衝動,一點都不理性。也因為這樣,在認識利智之後,我對待感情的態度更加謹慎了,我們之間還定了「十年之約」。

有人說追女朋友是一件很辛苦的事,但我不這樣認為。對於一個追求者來說,為自己所愛之人做任何事,都會很浪漫,會覺得很幸福。我記得拍完《龍在天涯》後的一段時間,我們回到了香港,但利智還經常去外地工作。有一次,我就在她回家要經過的一條路上等,我以為她下飛機後一定會走那條路。結果,足足等了7個小時之後,我才知道利智已經從另外一條路回家了。那個時候我對香港還不熟悉,根本不知道她還可以從另外的路回家,但7個小時都沒等到她,我並沒有感到失望,而是更加堅定了對她的愛。

人在戀愛的時候都容易失去理智,雖然我也有這種感受,但是我不想重複第一次婚姻的失敗經歷。於是,與利智交往一段時間後,我們在一次聊天的過程中定下了「十年之約」——如果10年後彼此還是這樣相愛,感情依然這樣穩定,那我們就結婚。因為那時我們會在很理性的情況下做出選擇,雙方都不容易後

27

文化與創意

悔。利智也很贊成我的想法。就這樣，我們戀愛了10年，到1999年9月19日那天，終於攜手走進了屬於我們的婚姻殿堂。

如今，我們已有20多年的穩定感情。但回首這些年，我們的生活環境恰恰是非常不穩定的，特別是她還在演藝圈的那些年，各種各樣的緋聞也時常圍繞著我們。可是，對於這些，我們彼此都很坦然。無論外界怎樣評價，利智從來不為自己辯護，她的性格就是如此。她只希望有我一個人可以懂她，而我也一心一意地為她付出。那個時候，我真正感覺到有一個人值得我為她付出一切乃至生命，那種感覺才是真愛。

在戀愛的那10年中，我們沒有遇到太大的考驗和起伏，但只因為我說了一句話，就是「我真的不喜歡女朋友在演藝圈」，利智就在自己事業的高峰期，在一年拍4部大片的時候離開了演藝圈。

後來，我有意自己組建電影公司，但當時自己的經濟條件並不好，如果失敗，我可能會變得身無分文。但利智告訴我，既然有想法，那就不要猶豫，大膽去做，她說：「大不了我養你一輩子」。聽到這話，我心裡有說不出的溫暖與感動，但同時也在想，自己做公司的確有危險性，萬一失敗了該怎麼辦。

可最終，我還是邁出了那一步，因為有一股堅強的力量支撐著我，那是來自於利智的鼓勵與支持。而且每到關鍵時刻，她都會在背後幫我撐一撐。所以，一個好女人對男人來說，真的太重要了，她會讓你變得更踏實、堅強。

愛是沒有定義的

很坦率地說，遇見利智以前，有很多女孩子在追我，可利智是第一個讓我願意付出一切的女人。我是個喜歡思考、不愛出聲的人，很多人都不知道我在想什麼。可跟利智認識兩天後，她就可以說出我心中所有的憂慮、要奮鬥的決心等。那個時候，我很震撼，也很驕傲。很快，我就明白了，當我願意為一個女人付出一切的時候，這就是愛情，沒有理論，沒有什麼定義。

在我和太太結婚之前，準備拍《臥虎藏龍》的李安導演找到了我，他想讓我

參與這部電影。可電影開拍的那年，我要結婚，太太要生孩子——此前我已經答應她，如果她生孩子我就一年不工作，在家裡好好陪她。所以，為了我們之間的承諾，我沒有答應拍《臥虎藏龍》。對很多人來說，這可能是比較遺憾的一件事。但對於我而言，能夠得到愛是一件非常幸福的事情，而已至中年的我，也越來越覺得任何事都沒有家庭重要，尤其在太太生下女兒後。

以前年輕的時候，我一直在外打拚，總是將事業放在第一位，對兩個大女兒的照顧很少。與前妻離婚後，我將兩個女兒送去母親那裡，而我做的只是給她們寄錢，找最好的學校。但慢慢地，我對她們的歉意越來越深。後來，當我成為4個女兒的父親後，我要做的最重要的一件事，就是盡最大的努力去履行自己的責任，讓孩子們感受到更多的父愛。

2007年，在劉德華香港紅館的演唱會上，女兒Jane穿著自己最喜歡的藍色舞裙與劉德華一起跳拉丁舞，這是她當時的聖誕夢想。

我從小比較叛逆，不愛聽大人的話。後來自己當了父親，我就很在意孩子們的想法，我一直告訴自己，一定不能讓孩子們覺得我很囉嗦，或者強加給她們一些價值觀。每個人的生命就這麼幾十年，孩子們願意做什麼就讓她們去做。只不過，我要幫她們分析清楚，為了做這件事她們必須付出些什麼。

現在，我的國籍是新加坡，之所以移民到那裡，主要是為了孩子們。之前，我在美國住了很多年，一直很想給她們找一個能讓我放心又可以讓她們學中英文的地方，讓她們安全成長。走了很多地方，我最後選擇了新加坡。她們在那裡我很放心，我可以連門都不用鎖，就出去做我自己的事情。

回到家中，我經常像跟朋友聊天一樣和女兒們交流，讓她們更加信賴我，願意對我敞開心扉。在今後的日子裡，我會珍惜每時每刻，跟家人一起分享所有的愛與快樂。

「壹基金」，用愛關懷受傷心靈

2004年，我和太太還有兩個女兒經歷了海嘯。回家之後，我就告訴太太，

文化與創意

剩下的生命是我們賺回來的，我們應該做些回饋社會的事，太太非常支持我。於是，我們一起在香港成立了一個基金會——「壹基金」，並開始為一個共同的目標去奮鬥。

「壹基金」的理念，就是說每個人每個月拿出1元，就能為那些處於災難、疾病中的人們帶來許多幫助。我一直在說「天下為一家」，如果這件事做得好，我們就不用等到每一次災難降臨時再呼籲救援。

我去過不少災區，知道災難發生的頭三天是非常重要的，那時的災區民眾有深深的恐懼感，外界到底知不知道他們身處災區？有沒有人願意幫助他們？那個時候，很多難題可能都要靠國家應急中心去解決，而我們能做的就是儘可能進行人道主義援助。像雲南地震，當知道發生此事時，我們就立馬與雲南紅十字會取得聯繫，第二天已經將糧食送到災民手上，速度很快。我想，將來基金會發展得更大時，我們還能做更多的事情。

其實，我和太太早就將「壹基金」當成自己的事業來做了。我們用兩年的時間來籌劃運作，而我們選定的項目，就是關注心靈受到傷害或有心理疾病的人。兩年的時間裡，我們花費800萬元諮詢費，請全球頂級諮詢公司幫我們做精密的市場調查。調查的結果顯示，2003年全國有25萬人自殺。而當時，全國還有3000萬心理疾病患者。另外，在高速發展的社會裡，很多人都有一種焦慮的心態。

於是，我們將「壹基金」的宗旨定位為對心靈的關懷。心靈的創傷、心理的疾病其實很難康復，它不像外傷或其他疾病，住院後能夠立馬見效，它需要全民的長期關注。所以，「壹基金」跟其他基金會不一樣，它本身是一個互動的過程，就是說當你捐1元的時候，你其實想到了關心他人，你將愛傳遞給了他人，這就是善；而對你來說，隨著時間的推移，那些被幫助的人也會感恩。

現在，「壹基金」已經擁有許多義工，北京有1000多名大學生及9所大學都參與進來。但在最初籌劃之時，為了動員更多的人支持「壹基金」，平時不太愛出聲的我幾乎成了「話癆」。

那時，我見誰都會跟他談「壹基金」，在電影片場，連臨時演員我都「拜託

拜託」。劇組每天都有通告，上面寫著哪位明星明天幾點該幹什麼、去哪裡等，後來我就在上面加上「希望大家支持『壹基金』」之類的話。有一天，我還把徐靜蕾專門叫到車上去。她以為要談劇本，沒想到我一張口就說「壹基金」，想請她一起來做這個項目，她也很支持。慢慢地，在我動用拍電影20多年來的人脈後，「壹基金計劃」得到了很多人的幫助。後來，我又去了美國，向美職籃與柯林頓基金會學習。

美職籃的每一支籃球隊、每一個球員都有自己的慈善基金，所有大大小小的慈善基金加起來有300多個，這讓我肅然起敬。在「柯林頓全球行動計劃」的年度國際研討大會上，我也受益匪淺。全球有1500人一起在那次會議上探討了包括環保、消除貧困等方方面面的問題，讓我學到了很多發展慈善事業的經驗。之後我帶孩子去美國迪士尼樂園遊玩，臨走時，一個員工交給我一封信，裡面有85美元，他說這是85個員工每人捐助的一美元，我深受感動。

不過，自宣布成立「壹基金」之後，我也知道外界出現了許多不同的聲音，大家會質疑這個機構的效率、透明度等。對此，我認為很正常，任何人在做一件事的時候，都不可能得到所有人的讚賞，有不同的聲音，我們才能不斷進步。

關於「壹基金」的運作，我用了兩年時間去學習。那兩年裡，我到過加拿大、美國、印度及中東，去學習每一個國家的法律及基金組織運作方式。國外很多地方的基金組織都已發展得十分成熟，但香港和中國的慈善業似乎剛剛起步，到2004年才有基金組織的管理條例，而且大多數基金組織都是只出不入的，這樣的基金組織很難長期立足。

所以，當我動員大家把一元錢捐給「壹基金」時，人們會懷疑自己所捐款項的去處，這該怎麼辦呢？我們讓「壹基金」藉助中國紅十字會的平台，就是作為紅十字會中的一個項目，我們籌到的款項也到紅十字會的帳戶。這樣一來，我們這個基金會就算屬於國家了。但我們籌到的錢，紅十字會不能直接使用，必須向基金會申請如何使用，之後基金會在審批時會考慮是否符合這個計劃的理念，如是否屬於災後心理重建項目等，再做決定。

總之，運作一個基金會，是一個很複雜的過程，我們要瞭解整個法律架構，

文化與創意

要在合理合法的基礎上保證其透明運作。

很多時候，大家不是不肯捐錢，而是對捐贈方式、機構等存有疑問。大家不知道自己每次捐的錢去了哪裡，到底有沒有落實到災區或受幫助者手上，有沒有人反饋這個消息等。所以，在這個慈善事業不夠成熟的環境裡，我們要做的事情還有很多。

讓《海洋天堂》喚起更多人的善念

2010年，已將電影當成業餘愛好的我，出演了《海洋天堂》裡一位自閉症孩子的父親。很多人問我，這是不是預示著我在棄武從文，在轉型？我說，有什麼好轉的，我都這麼大年紀了，該做點自己想做的事了。而這件事，與我正在做的慈善事業有莫大的關聯。

《海洋天堂》裡，我扮演的是一位患上絕症的單身父親。他在自己彌留的兩個月裡，為患有自閉症而無法生活自理的兒子，盡一切可能安排好生活。而我出演這部電影，不僅是為了展現一個慈愛、傳統、內斂且無私的中國父親形象，更是為了引起更多人對自閉症孩子的關注。

20多年前，像《海洋天堂》這樣的電影，我基本上不會拍。一是那個年代並不流行這樣的題材，人們更喜歡看武打片；二是當時我們自己都很窮，又怎麼管得了別人呢？但是，當我們做了父母，看到孩子一點點成長，也體會到其他父母的不容易後，我認為需要透過電影這種方式喚起大家的「善」，讓更多的人去幫助自閉症孩子。

許多年前，我崇拜的人是李時珍。他只是一個醫生，完全沒有一官半職，卻多次冒著生命危險去嘗試不同的草藥。萬一遇到毒性很大的草藥，他就沒命了，這份勇氣絕不是人人都具有的。後來，李時珍寫出了《本草綱目》，試圖解決人的疾病問題。所以，我覺得像他這樣的人，才是真正的英雄好漢，值得我一生去尊重。

而現在的我，雖然還沒有像李時珍那樣將一切都無私奉獻出去的勇氣，但是

我花了超過20年的時間，終於體會到世上最強大的力量是愛。我會在我的餘生不斷凝聚這種力量，將其傳遞給更多需要的人。

洪金寶：真性情的功夫電影「大哥大」

文／張海

在我看來，西方的教育方式也有可取之處，但是不能完全照搬。我不贊成美國家庭那種過於放縱的教育方式，還是主張教育子女方面要緊一點、嚴厲一點。

拜師學藝，藝成收徒

60多年前，京劇名伶于占元從北京來到香港，開辦了一所「中國戲劇學院」，以教學嚴厲而出名。別看學校的名字很「大牌」，其實就是一所普通的戲校，屋舍簡陋、條件艱苦，但是教學質量非同一般。

崇信「嚴師出高徒」的家長們紛紛把孩子送了進來，希望孩子能在於老師的教導下學到京劇唱念做打的真本領，使其成為長大後謀生的技藝。當然，如果孩子們能夠在於老師的「棍棒之下」成為「五好少年」，就再好不過了。

洪金寶的父母也是出於無奈，才把頑皮的兒子送進了戲校。讓家長沒有想到的是，這個自幼調皮的「三毛」在師門竟然學會了一身唱念做打的本領，在日後的功夫電影界更是「笑傲江湖」，成為香港電影圈最負盛名的「大哥大」。

現學現賣的大師兄

我小時候很淘氣，上幼兒園起就開始逃學了。後來就一直逃學，到了小學二年級，乾脆就不去學校了，天天在馬路上打架，一幫小孩子們都叫我「小霸王」。家裡人很無奈，他們平時還要出去上班，沒有時間天天看著我，只好把我送進了於師傅的「中國戲劇學院」學戲。當時所謂的戲劇學院其實就是京劇戲班，生意也並不算紅火。

文化與創意

　　我進戲校之前，媽媽曾經帶著我去戲校實地考察過，想知道我對學戲究竟有沒有興趣。我看到有幾個師兄弟在那兒練功，他們在翻跟斗，我覺得很好玩，就說願意學。一個禮拜後我媽就把我送去了。結果一簽約就是7年，其中學習需要6年，再幫師傅一年，總共7年。也就是說，我9歲進戲班，16歲畢業。

　　我們當年拜師學藝是按照舊式梨園行的規矩，都是要簽「生死約」的。家長只要下了狠心把孩子送進戲校，那麼在契約期內就不能干涉師傅的任何教育行為。

　　論資排輩的話，我是「元字輩」的，師傅就給我取了個藝名叫「元龍」。在我之前的幾個師兄，由於受不了戲校這種嚴厲的教育方式，都跑了。這樣我就成了大師兄。後來成龍、元彪、元彬、元秋、元華等師弟師妹們陸續都來了，每個人都要接受我這個「大師兄」的領導。師傅不在的時候，我就會代替師傅教導其他師弟。我是一個「好」師兄，怎麼買來怎麼賣，就是以前的師兄怎麼對我，我就怎麼對待師弟們，所以他們當時都很怕我。

　　現在有人一聽說我是學京劇出身，都會問我：「當初于占元師傅沒有嫌你太胖嗎？」其實進戲校的時候我很瘦的，而且我很有練武的天賦。

　　至於我是怎麼從俊男變成胖子的呢？這要從一次訓練中受傷說起。在一次訓練中，我不小心跌斷了腳踝，就住院了。養病期間，我爺爺經常寄來一些點心安慰我。一下子有了這麼多好吃的，我就大吃特吃，結果我的身材很快胖了起來。出院之後，我就成了一個大胖子，一直到現在。

被打也是幸福的回憶

　　我做學徒的時候，從來沒有想過有朝一日，我們這一群淘氣的孩子都會成為「大明星」。當時我們的訓練很辛苦，也很枯燥，每天都是拉筋、劈腿、翻跟斗等，一天要練上十幾個小時。

　　我知道大家都在心裡記恨師傅，說他這種訓練方式是「地獄式訓練」。我當時一直有一個願望，就是出師之後，一定要狠狠揍一次師傅。不過這個願望永遠

實現不了了，因為出師之後我便明白了師傅為什麼會那樣嚴格要求我們。沒有師傅的嚴格要求，我們這些人不會有這樣硬橋硬馬的真本事。所以我現在對師傅只有尊敬、只有感激、只有懷念。

我師傅是很偉大的一個人。他在50多年前從中國來到香港，沒有朋友親戚，只有我們這些徒弟。有一件事說出來很多人都不敢相信——當時師傅是不收我們一分錢的，管吃管喝，還教我們唱戲，教我們練功。後來，師傅總共收了差不多有六十幾個徒弟，但從來沒向弟子們收過一毛錢。

一開始，戲校的條件相當艱苦，練功廳當臥室用。白天練功，晚上就一張簾子隔開，男孩子睡一邊，女孩子睡另一邊。師傅就睡在我們隔壁，只不過比我們多一張薄薄的床墊而已，連一張像樣的床都沒有。他教了我們兩三年之後，我們開始登台表演了，可以出去賺錢了，才換了一所大一點的房子當學校。也是到了那時，師傅才買了一張床睡覺。

很多師弟接受採訪的時候，都會講到小時候挨打的故事。沒錯，我們都挨過師傅的打。不同的是，我是大師兄，他們還挨我的籐條。對我們來說，做錯事被師傅打一頓是家常便飯，即便有人心裡不服氣、有委屈，也不敢說出來。

曾有記者聽到我講這一段的時候，很驚訝地問我：「你們這是戲校還是監獄？」我告訴他：「我們這裡是調皮樂園」。為什麼這麼說呢？想想看，每天都要面對一大群十來歲的頑皮的小孩子，你會不會煩呢？何況被送進戲校的都是調皮過頭的，是父母都頭疼不已才扔給師傅的。儘管師傅確實很嚴厲，但是我現在想起來就覺得他當時完全正確。因為如果不透過這種方式立威，正常的教學是無法進行的。

我算是挨打比較少的，因為我腦子轉得快，總能在師傅發火的時候及時躲開。元武和元華挨揍比較多。至於成龍，挨揍就更多了，而且不是師傅一個人揍，是我們所有人都揍他。因為他老喜歡捅馬蜂窩、老喜歡惹人。現在想起當時的情景，我只會覺得很溫暖，哪怕被打也是很幸福的回憶。

自己逃學，元華受罰

文化與創意

　　我在學戲期間印象最深的一件事，是我逃學元華卻替我受罰。事情是這樣的：當時我媽媽和于師傅簽了生死合約，告訴我以後的7年時間都要在戲校度過。結果不到一個禮拜，我就後悔了，開始喊救命。於是我就經常想辦法逃學，先後一共逃跑過4次，都被師傅給抓回來了。周星馳後來拍的那個《逃學威龍》出來之後，熟悉我的人都說應該找我來演。

　　我在戲校的最後一次逃跑是在簽約多年以後，那時候大家都已經認命了，不會有誰再動逃跑的心思了。那時候我們住在7樓，樓梯有個轉彎，後面有片空地，很少有人會注意到那片地方。我觀察好地形，就開始了洪金寶版的「三毛流浪記」。我背上鋪蓋捲兒，就躲在學校樓梯底下，蓆子一鋪，我就躺在那兒，哪裡都沒去。元華知道我在那兒，每一次吃飯他都偷偷把飯剩下給我吃。

　　師傅在外面找了我3天都沒找到。結果元奎師弟告密，師傅才發現原來我根本沒出去，就躲在學校裡。而且元華知情不報，還偷偷給我送飯吃。為了教訓我們兩個，師傅出狠招了。他一藤都沒打我，只是讓我看元華師弟挨打。他打了元華師弟70藤，光是藤子都打斷了兩根。我看了很心疼，所以發誓再也不打元華了，這個師弟太仗義了。我自己也不再隨便逃學了。

　　在這件事發生之前，我和元華每一年的年三十晚上一定打架，而且會打得大家臉上血都出來。因為我們每年的年三十晚上都會跟著師傅去唱堂會，到一些罐頭廠、糖果廠表演，回來每人都能分到一包糖果。怎麼分這個糖果呢，大家就賭撲克牌，賭注就是一兩顆糖。就為這一兩顆糖，我們每次都打得鼻青臉腫。

　　後來，我們知道了是元奎一直在打小報告，就聯手打元奎。誰叫他當「二五仔」，誰叫他總是通風報信嘛。

走，報仇雪恨去也

　　小的時候，我經常帶著師弟們出去打架，但我們並不認為這種行為叫「打架」，我們稱之為「報仇雪恨」，對像是路邊的流氓、混混。因為在香港，很多人都不喜歡光頭，賭馬的時候看見光頭或者和尚就認為很不吉利，會輸錢。我們戲校所有的男生都是剃光頭的，師弟們有時候上街去買東西，就會被這些小混混

收拾一頓，打得頭破血流的。

我是大師兄，看到這種事當然不能置之不理。我就會帶著師弟們去報仇。那個時候我也只不過十三四歲，師弟們就更小了，我們的對頭卻都是十八九歲或二十幾歲的年輕人。對陣的結果卻往往是我們大獲全勝。

我們去荔園的劇場唱戲，每次都要坐巴士。有一個老戲迷的兒子是開大巴士的，他告訴我們如果上車的話，就說是家屬，這樣就不用買票了。老爺子還把他兒子的名字、工號、家庭住址和車牌號都告訴我們了。

我記得很清楚，當時我一上車就報翠微路1033號。如果只有一個人這麼說，售票員也就不說什麼了。我們倒好，突然上來十來個，都說是家屬，個個都是翠微路1033號。這樣人家就不信了，還用很髒的話罵我們。我就說你可以不相信，但你不能說髒話罵我們。他不聽，還是罵，結果我們就動手了。我們從汽車發車就一路打，直到把他打下車為止。

不過當時我們那麼多師兄弟在一起，真正動手打架的只有我一個。他們都不幫忙，在一邊坐著「看戲」。

怕師傅怕到發抖

20多年前，我用童年生活做素材，拍了一部電影《七小福》，我憑這部電影拿到了金像獎影帝獎盃。公開放映的時候，我們請師傅一起來看。師傅看完電影老淚縱橫，他問我：「我當初有那麼凶嗎？」我心想，您當初比這還要狠。

前幾年，我們師兄弟又聚在一起，準備拍《七小福》的續集。續集劇本其實十幾年前就已經有了，故事說的是我師傅怎麼帶著一幫徒弟去了美國，在美國又是怎麼樣落難。差不多是真實故事，只在中間我們改編了一小部分。

小時候，我們怕師傅可不是嘴上說說，而是打心眼兒裡害怕，怕到發抖。當年我們在荔園唱戲的時候，師傅永遠躲在第二排觀眾席裡偷看，其實就是監督我們是否偷懶。我們師兄弟從小就練就了很好的眼力，因為每次出場我們都先觀察師傅躲在哪裡，就像現在拍戲時找鏡頭一樣。我師傅喜歡戴一個帽子，所以當我

文化與創意

們發現帽子的時候就精神抖擻，表演也特別賣力。一旦發現帽子沒了，就一下子洩了勁，一邊演一邊休息。

有人說我們師兄弟後來都在事業上取得了不錯的成績，證明了師傅這種管理方式還是比較有效的。要我說，不用到現在才證明師傅的英明，早在當年，我們的戲班就已經很成功了。我師傅曾經帶著我的二十幾個師弟去臺灣唱戲，挑戰當地的戲班。那時候臺灣也有幾個大的戲劇學校，學生都是一兩百人。結果都被我們給打敗了，所以臺灣的戲劇學校的學生們特別佩服我師傅。那次我沒去成臺灣是因為當時我奉了師命留在香港把關，帶領其餘的師兄弟在荔園繼續唱戲，也算是重任在肩。

戲台上的「周天王」

你問我當年唱的是什麼行當，我可以很驕傲地回答：「我是生旦淨末丑，外帶上下手，什麼都要熟」。這並不是開玩笑，除了花旦之外，其餘的行當我都唱過。我一開始在學校裡面是學青衣的，你們不要看我現在的樣子就說我吹牛，小時候我的扮相和聲音都是極美的。

我學了一段時間青衣之後，又改唱小生，像《四郎探母》中的楊宗保都是我來唱，不過後來倒倉了。當時我是在台上倒倉的，唱著唱著突然就唱不上去了，嗓子很痛。唱完那次後我就跟師傅說以後打死我我也不會再演小生了。

我在學校裡面，除了花旦不能做，小生不能做，其他的我都能做，只要哪個角兒突然間病了，都是洪金寶上。

不知道大家熟不熟悉《春秋配》這出傳統劇目，其中《撿柴》這一折一共才3個人，一個小生、一個花旦、一個老旦。突然有一天，那個唱老旦的生病了，師傅就讓我頂上。可我雖然清楚這部戲的腔調，但是究竟到某一個演員的對白，我都忘了。於是我就「咿咿呀呀」開腔，然後低聲問跟我搭戲的小生，下一句說什麼。他就背對觀眾告訴我下一句戲文。就這樣，我們一問一答，把整齣戲給唱下來了，台下的觀眾竟一點都沒有看出破綻。

师傅經常教育我們：「不怕你胡念，就怕你不念」。意思是到了台上一定要有話說，不能冷場。有一次，我們唱《湯懷自刎》，我演的是金兀朮，一上台就有四句定場白：「孤家興兵奪宋朝，南征北戰費辛勞。但願宋室一起掃，扶保老王九龍朝」。我一上場，念出前兩句之後，不知怎麼就忘了第三句「但願宋室一起掃」了。我靈機一動，就把這一句的聲音壓低，但是韻味在，像現在的周杰倫唱歌一樣，嘴在動，聲音也有，但是具體唱的是什麼，大家都聽不太清楚。等到第四句「扶保老王九龍朝」我又唸得字正腔圓，這樣觀眾就聽不出毛病來了。

我師傅耳朵好使，每天在台下專門挑我們的錯處。遇到這種情況，他就會罵我：「學了半天的戲，你怎麼嘴裡講話都講不清楚？」我就會說：「師傅我下次不敢了，我下次講清楚一點」。所以只要我念了，哪怕嘴裡不清不楚，師傅也只會罵我幾句。但是我要是不念，那挨揍就是一定的了。

辦校收徒，遙寄恩師

中國的功夫電影雖在國際電影市場占有重要地位，但也存在著問題：一方面，影視院校培養出來的學生擅長表演，但在武打技能方面存在欠缺；另一方面，武校的學生都是靠著武術專業進入影視圈，卻沒有經過表演專業的訓練。這兩方面的因素，導致了功夫電影整體水準和質量面臨著青黃不接的困境。圈內用「會演的不會打，會打的不會演」一句話來形容這種尷尬的局面。

我總聽人說，中國的功夫電影界，1970年代有李小龍、80年代有洪金寶和成龍、90年代有李連杰、甄子丹，到了21世紀，卻沒有能挑起大梁的領軍人物。每次聽到這樣的說法，我都會想起師傅當年開戲校收徒弟的豪情壯志。我就想，何不辦一所學校，改變這樣的狀況呢？

我一直希望中國的動作片能夠不斷有新人出現在國際舞台上，也一直在尋找合適的機會，辦一所比較正規的影視特技學校，圓我多年來的夢想。把這所學校放到中國，我也有自己的考慮。因為中國本來就是藏龍臥虎的地方，有特殊才華的人很多。現在我有時間、精力，也有資金，就選在了離北京、天津和涿州影視基地都比較近的文化古城保定，開辦了洪金寶影視特技培訓基地。我希望這個培

訓基地能夠不斷為中國電影界輸送一流的人才。同時我也有一點私心，就是希望我的洪家班能夠後繼有人。

風華正茂話當年

洪金寶當過耀眼的小童星，也做過最辛苦的龍虎武師；擔任過武術指導，也主演過電影、電視劇；當過導演，也做過監製，豐富的經歷無人能及。有人統計過，洪金寶到目前為止一共參與過190部電影的拍攝。這個數字，別說是親身參與了，就是坐在放映機前連續觀看，也夠看一陣子了。

50年的從影生涯，也讓洪金寶結交了數不清的大小明星。究竟是李小龍厲害，還是成龍威武？是元彪動作瀟灑，還是元華技高一籌？讓「大哥大」來逐一評說再合適不過了。

「七小福」與「七老夫」

熟悉我的觀眾朋友們都知道，我和成龍、元彪、元華、元奎、元武、元泰7個人曾經擔任過一齣京劇《七小福》的主演，演出很成功，師傅就藉此機會組建了一個「七小福」戲班，在圈內逐漸打出了名號。有了名氣，我們就可以獲得更多的演出機會，也可以多賺些銀兩。

其實，「七小福」戲班並非只有我們7個人，還有元俊、元振、元寶、元秋等人也在。只是有幾個師弟很早就轉行，漸漸被觀眾遺忘了，而我、成龍、元彪、元奎、元華、元德、元彬7人依然活躍，時不時再跑出來拍個新片或者拿個獎，大眾眼中的「七小福」就自然而然地變成我們7個了。

我現在都已60多歲了，師弟們也都過了知天命的年紀，當年英姿颯爽的「七小福」如今都變成「七老夫」了。

我的藝名是「元龍」，而成龍的藝名則是「元樓」。後來我簽約期滿出師之後，成龍成了大師兄，他就頂了「元龍」這個名字。日後師兄弟們都來到影視圈打拚，除了我和成龍改回本名之外，其他人都繼續用師傅取的名字來闖蕩江湖。

我們這些人不光能演動作戲，後來也都陸續做了幕後的武術指導。有記者朋友告訴過我，香港電影金像獎從1980年代初設立至今，一共發出20個最佳武術指導的獎盃，其中有12個落在了我們「七小福」手上。他說我們師兄弟「占了香港武術指導和功夫片的大半壁江山」。

這樣的話我聽了當然很高興，但我知道這是朋友們的抬愛，因為據我所知，這麼多次獲獎，並不完全是我們「七小福」的功勞，很多時候我們都是和別人合作拿到的獎項。比如說《新龍門客棧》這部經典電影，就是程小東和元彬師弟合作的，《一個好人》也是成龍的成家班和曹榮合作的。

我師傅是京劇界有名的武生，帶徒弟都是主攻武行，所以我們都當得起「嚴師出高徒」中的「高徒」這兩個字。像我和元彪主演的《雜家小子》，其中有我們兩人大練猴拳的場面。你從我們的身手和靈活的面部表情就可以看出來，當年「七小福」合演《美猴王》等猴戲沒有白演。至於我和成龍在《A計劃》中扮賊唱戲一段，那就更簡單了，童子功可不是白練的。

「挑釁」李小龍

我從戲校出來之後，就做了嘉禾電影公司的龍虎武師。有一段時間我很潦倒，經常向公司管財務的何冠昌先生借錢。何先生什麼話都不多問，非常信任我，每次我一開口他就批給我。這樣我每個月都借錢，一連借了一年。和我一樣做武術指導的人都漲價了，而我感念何先生當年的慷慨，在嘉禾二十餘年，從來沒有主動提過「加薪」這兩個字。李小龍從美國回到香港，與鄒文懷談合作的時候，我已經是嘉禾公司的常駐武術指導了。

李小龍的幾部成名作都是和嘉禾合作的，所以我們之間打過不少交道。1972年，拍攝《精武門》的時候，我就參與過攝製工作，而成龍、元華等人當時還是小武行。我們都在影片中出演了被李小龍痛扁的小角色，不過都沒有露臉。

這幾年做節目，很多主持人、記者都讓我講一講當年在嘉禾公司走廊中與李小龍過招的情景。我可以很負責任地告訴大家，這件事的確是發生過，但我無意

利用李小龍來炒作自己。再説，我畢竟在電影圈也有自己的身分，徒子徒孫也有了不少，根本用不著拿別人來拔高自己。

我很佩服李小龍的功夫，也比較敬重他的為人。我想是因為李小龍已經過世了，在他32年的生命中，能有機會跟李小龍在電影中合作、在生活中切磋的人並不多，所以大家才會一直追問我們當初交手是什麼情況。

其實，我們並沒有交手，我們是「交腳」——因為我們較量的是腿法。當時，李小龍剛從美國回來，來我所在的劇組探班。我見到他很興奮，因為那個時候由他主演的《青蜂俠》、《盲人追兇》兩部電視劇在香港放映，他已經是我們的偶像了。

我記得自己看到他的第一句話是：「你的武功很厲害」。我當時是一種欣賞、仰慕的感覺，但可能我講話語氣不對，讓他覺得我在挑釁。他説：「我是很厲害，你想怎麼樣？想不想鬥一下？」他都提出「想不想鬥一下」了，這種情況下我只好應戰了。大家都是年輕人，又都是爭強好勝的個性，所以我即使知道自己有可能會輸，也不能退縮的。我們兩個就面對面擺了一個姿勢。我這個腿剛剛一抬起來，他的腿就打到我臉上了。當然，他沒有發力，就擱在我面前。

他問：「怎麼樣啊？」

我説：「好快！」

他的動作的確很快，真的是練到了傳説中的「你不動我不動，你若動我先動」的境界。

然後，我就向他解釋説自己並非挑釁，完全是善意的。幸虧他沒有真的踢我，要不然我多冤啊！當年是年輕，面對李小龍的挑戰，我必須答應。現在如果有年輕人過來問我敢不敢和他們比一比拳腳，我會説：「不敢不敢」。

後來，李小龍逝世的時候，我也參加了香港電影人為他舉行的送別儀式。李小龍過早隕落，的確是我們功夫電影界的一大憾事。

我是「大哥的大哥」

在圈裡，大家都認為「大哥大」這個稱呼最早是從我身上叫開的。人家會說：「我們都管成龍叫『大哥』，你洪金寶是『大哥的大哥』，該怎麼叫呢？」我就說：「很簡單啦，叫我『大哥大』啦」。

這只是開個玩笑，我們都知道，「大哥大」最早是手提電話的俗稱，就是塊頭很大的那種行動電話。那種笨重得像磚頭一樣的手提電話在香港剛剛興起的時候，賣得很貴，使用的人很少。在圈內，我是第一個使用這種手提電話的，因為我在片場當導演，總是透過這種手提電話來發號施令，所以人家就稱呼我為「大哥大」。後來，手機越來越精巧，「大哥大」的叫法就不太流行了。

說起我和成龍的關係，很簡單的四個字：「亦師亦友」。雖然我們都是于占元師傅的弟子，但我是大師兄，師傅沒有那麼多精力個個親授功夫，所以很多師弟的功課都是我傳授的。在眾多師兄弟當中，我與成龍的合作是最多的。30多年前，只要是我和成龍領銜主演的功夫片就是賣座的保證，用現在的話來說，我們是很有票房號召力的。

不過我們兩個後來的風格有所不同。我喜歡表現群體的戰鬥力，會把影片中幾個主演的動作都設計得很漂亮，讓觀眾覺得是一場勢均力敵的較量。成龍不一樣，他喜歡表現個人英雄主義，只要是他做主演的電影，別人的表現再花俏，都不能搶走他的風頭。

我們當年的師兄弟們偶爾會在一起聚會聊天，少不了互相揭一揭短。我自己小時候逃學的事情當然是不會主動提起的，但是我可以向大家爆料成龍當年也是「逃學威龍」。

我告訴大家成龍經常練著功就不見了人影，大家上完課他才回來，害得我們全隊人都挨打。

元彪趕緊附和說：「對，成龍一個人犯錯，全隊都要挨打，所以大家學會了自律之餘也要互相監督」。

成龍也不客氣，馬上就還擊了。他說我當年作風很霸道，每次吃飯，總是把好的飯菜全部放在自己面前，所以師弟們都趁大師兄沒入席的時候，先拚命吃

飽。

我經常會遇到這樣的問題，問我和成龍誰比較厲害？我就說：「成龍打得最漂亮，也蠻有創意。他總能發明出別人沒用過的招數，當然這個是在電影裡好看。在現實中未必管用！哈哈！真功夫嘛，還用問？一劍倚天，有誰打得過我？你們不用比來比去的，不管成龍地位多高、成就多大，他永遠都是我的小弟」。

家裡的「三好」男人

洪金寶骨子裡是傳統的中國人。他從小進戲班學習，對於師傅棍棒教學的方式毫無怨言，還多次在接受採訪的時候表達對恩師的感謝，並認為師傅的授徒方式是最正確的。

在母親面前，他一向是最聽話的兒子。不管在外面名氣多大、有多少人等著尊稱他一聲「大哥」，回到母親面前，他都當自己是八歲的孩子，任打任罵，任勞任怨。

大家都知道洪金寶的愛妻高麗虹是1984年香港小姐選美的冠軍。如此佳人當年怎麼看上身材奇胖的洪金寶呢？洪金寶對於一朵鮮花插到自己身上這件事也是大為得意，坦言「追女孩子」是需要一些「手段」的。

很多明星為人父母之後都會標榜自己開明的家長風度，總是努力塑造「孩子的大朋友」的正面形象。洪金寶不同，他就敢公開說：「我們家永遠不會平等。我這個做爸爸的永遠要比孩子高出那麼一點點」。遇到孩子淘氣的時候，他不介意做惡人，像小時候被師傅責打一樣，他會用籐條來威懾自己的兒子。

侍母甚孝的好兒子

我自認為是比較傳統的中國人，我的根在中國。我的骨子裡有中國古代的孝悌之心。你們或許不知道，這麼多年來，我一直是和我媽媽住在一起的。平時沒事的時候，我都會陪著媽媽，陪她去買菜、陪她去做腳底按摩。菜市場那些賣菜的老闆都跟我很熟，他們會跟我打招呼：「三毛，陪媽媽來買菜？」我就會說：

「是啊是啊！」、「三毛」是我的乳名，因為媽媽一直這樣叫我，後來很多朋友也跟著她老人家叫我三毛。

我是很相信「家有一老，如有一寶」這句話的。因此，朋友們都知道我很重視家人，還有人戲謔地稱呼我為「大肥孝子一個」。

我小時候是在外婆家長大的，我媽媽對我的外公外婆就非常孝順。應該說我的孝心是耳濡目染的結果。

在我結婚的第二年，我還被媽媽痛打過。我相信大多數的年輕人都不會有這種「殊榮」，成年以後還要接受媽媽的教訓。那次是為了我太太，準確地說是因為我的前妻，我才挨打的。我前妻是韓國人，她和媽媽在語言、文化、生活習慣上難免會產生一些衝突。一天不知道因為什麼，她就氣著我媽媽了。老太太真是氣急了，我就趕緊站出來說：「媽，您有火衝我發吧。就當我是少林寺出來的，經打」。媽媽沒客氣，就用以前的那種很粗的四方木凳砸我。我也很硬氣，站在那裡一動不動，讓媽媽出氣。凳子散架了，媽媽才停手，結果我也沒什麼事，就是流了點血。

疼愛妻子的好男人

我現在的太太是高麗虹，她這20多年來一直陪著我，很賢惠、很稱職。她對我的幾個孩子視如己出，母子相處得非常好。客觀地講，高麗虹是一個合格的「後媽」。

對我的家庭比較熟悉的人會知道，高麗虹是1984年「香港小姐」選美冠軍，是真正的港姐。由於家庭教育的原因，她粵語不是很好，所以當年獲得冠軍之後沒有依照慣例馬上和電影公司簽約。

高麗虹是中國和澳大利亞的混血兒，她繼承了父母的優點，氣質很出眾。在她當選「港姐」兩年之後，還是有導演找到了她，請她做女主角，她在《爛賭英雄》、《東方禿鷹》這幾部電影中的表現都可圈可點。

我們倆就是在片場認識的，她當年主演的幾部電影都是由我設計的武打動

作。「美女愛英雄」，亙古如此。我的身材雖然有點走樣，但是英雄氣概不變，她選擇我也證明她很有眼光。一開始的時候，高麗虹並不懂武術，總是向我請教，我們還是掛名的師徒關係。日久生情吧，時間長了她就發現了我很多優點，情不自禁地嫁給我了。

拍打戲，我是她的老師。後來我去美國發展，她又成了我的老師。不過我不是向她學功夫，而是學英文。在美國拍片的時候，我也有專門的英文老師。但是人家不可能24小時都跟著我，一般都是在片場給我做幾個小時的翻譯就離開了。離開片場後，就由我太太隨時糾正我的發音了。

在美國我為了說好英文，還專門住到了沒有中國人的猶太人聚居區。在那裡住了半年多時間，英文水準也沒見提高多少，怎麼回事呢？原來每次看見別人和我打招呼，我掉頭就跑，所以才會住了半年，連說一句「Hello」的機會都沒有。

有年輕人問我夫妻相處之道，我會告訴他們，我們夫妻之間只要有了矛盾，肯定是我馬上認錯。我不喜歡兩口子之間「秋後算帳」，這樣玩心機是不會有好結果的。

寬嚴相濟的好父親

我自己從小到大沒少挨揍，媽媽也好，師傅也好，誰看我淘氣都會出手教訓我。後來我當了爸爸，有了3個兒子和1個女兒，對待他們，我也總結出一套教子「方案」。

我一直相信「嚴師出高徒」、「棍棒之下出孝子」這些老話。在我看來，西方的教育方式也有可取之處，但是不能完全照搬。我不贊成美國家庭那種過於放縱的教育方式，還是主張教育子女方面要緊一點、嚴厲一點，讓小孩子對大人有一點尊敬是比較好的。

我的幾個孩子，唸書學習的事情我都放手讓他們的媽媽去管理，我只負責管教他們的性格，太淘氣的時候我就會用籐條來教訓他們。

我教訓兒子一般都是打3下籐條，但是我不會3下連續打下去。因為我小時候經常挨打，是很有經驗的。我知道第一下痛的時候你第二下、第三下緊接著「啪啪」打過來，就和打一下沒有什麼分別。得等一會兒，給他痛的時間，讓他仔細體會那種痛。痛了好久，第二下、第三下再打過來，這樣才是實實在在的3下籐條。

　　孩子小時候，可以揪過來打幾下屁股。當他們長大了，就需要換一種教育方式了，後來我就用故事來教育孩子。

　　話又說回來，如果我們每個人都照顧好自己，才是對父母盡孝，對兒女負責。我們香港有一句話叫「兒子養仔仔養仔」。就是爸爸養兒子，兒子養孫子，一代一代養下去，指望「兒子養爸爸」不太容易。因此，我們都要照顧好自己，不要全指望著兒子來養自己。

　　現在我也很開通了，我兒子都敢跟我稱兄道弟了。開玩笑的時候，我叫他老兄，他叫我老弟。對女兒，我就下不了這個手了，更不會強調「棍棒之下出孝子」了。

　　現在，我的孩子們也都進了娛樂圈，有組樂團的，也有拍電影的。我並沒有鼓勵過他們進這一行，但是他們都是成年人了，都有自己的想法。既然是他們自己的選擇，我就只好支持了。兒子想做導演，自己拍一部電影，還讓我友情出演，一分錢的片酬都不給我，那我也認了，還得乖乖聽話，誰讓我上輩子欠人家的呢？

伍繼延：「歸來者」的旗幟

文／李軍奇

　　眉頭緊鎖與器宇軒昂，最能反映伍繼延當下的精神特質與文化氣象。多年商海沉浮，讓他見慣風雨，他憤怒於不少同行的蠅營狗苟與精神萎縮。這個求學於岳麓山下的男子，自小對湖湘文化耳濡目染，自然容易揭竿奮起，指點江山。「哀其不幸，怒其不爭」，這種情緒凝結在他的臉上；伍繼延舌燦蓮花，精力充

文化與創意

沛,天生領袖氣質,加之其慷慨隨和的大哥性格,最易贏得同行的敬重。這般行走江湖,光明磊落,自然卓爾不群。

海南出發

伍繼延15歲考上大學,而後被時代風氣感召。1988年,不滿足於做高校團委書記的伍繼延南渡參加海南建省辦大特區的實踐,任職於海南體改辦並被委派籌建海南改革發展研究所。

海南之於伍繼延,是商海的起點。中國現代商業史有名的「92派」中諸多幹將——馮侖等萬通「六君子」、毛振華等,均於海南發跡。

「當時海南體改辦是省委的智囊機構,也是省政府改革的執行團隊。絕非坐而論道,既能當參謀,又能實踐。這符合湖湘文化知行合一的特性」。憶及當年之所以離開高校,挺進海南,伍繼延說:「當時我深切感受到,知識分子面臨巨大的社會變革,如果不抓住機會,全力參與,總會有無力感,也會被時代淘汰」。國家領導人對特區寄予的厚望與特區百廢俱興的狀況,激發了伍繼延投身時代洪流的勇氣。

作為智囊機構的一分子,伍繼延對當年實際「參謀了什麼工作」語焉不詳,只提到工作不久,又遭遇人生的失意。

「我們那時身上有很多夢想,也抱有更多的想要改良這個體制的想法」。結果發現,「世界改變不了,那只好改變我們自己」。他們那批南渡的年輕人喜歡一首叫《一樣的月光》的歌。改變自己,首先就要爭取財務自由。不被錢欺負,成為這群書生的理想。1992年,伍繼延自籌20萬元(包括萬通團隊給的10萬元),註冊了一個公司,名為「海南易通傳播產業聯合開發總公司」。和當年那些激情萬丈的創業者一樣,名號大而響亮,至於公司能做什麼,能做到什麼程度,誰也沒思索清楚,「只是意識到文化產業將來有巨大的發展空間」。「運氣好,倒騰幾個月賺了一大筆。年底回長沙,在當時最好的賓館開流水席,請的全部都是被錢欺負的朋友。我們把酒店所有的葡萄酒都喝光了」。

他曾動念拍攝電視劇，不了了之；也曾投資辦雜誌，由於種種原因沒能辦下去。

1994年，湖南電視台啟動改革，湖南經濟電視台開始籌辦。有人找到伍繼延，牽線談合作。當時激動於製播分離的改革春風，伍繼延認認真真地與相關負責人吃飯商談，最後還是畏難退出。但他與電視的緣分未了。1995年，從美國遊學歸來，伍繼延因緣際會，又與大連電視台合作，開辦了一個體育頻道，「當了道長，除了節目由台裡審查與播出外，其他的都由我負責。搞了一年，還是因為體制問題，選擇了退出」。

伍繼延熱戀文化產業，但總是激情而來，抱憾而去。伍繼延的商業嗅覺不可謂不靈敏，而且他在文化產業的管理創新方面頗有建樹，當時與央視談合作，他已提出主創持股、年底參與分紅等思路。伍繼延在早期的文化投資項目中不可謂不用心，但囿於文化體制及政策的限制，加之社會資本投資媒體幾無經驗可借鑑，以致基本折戟而歸。

「流放者」歸來

文化產業有前途，但總是「坑錢」。為了生存，伍繼延在海南隨大流開始炒作地皮，如願賺到了人生的第一桶金。「賺了錢就搞文化生意，虧了，就搞地產」。海南開發熱潮一過，伍繼延返回故鄉，繼續尋找機會。

1997年，重慶直轄。伍繼延相信那裡是財富與機會的新戰場，於是轉戰重慶。事遂人願，在重慶他做出一件至今讓他滿意的商業項目——「五黃路」。如今「五黃路」已成為重慶中央居住區的標誌。因在事業上嶄露頭角，伍繼延被在渝打拚的湖南籍商人邀請，參加重慶湖南老鄉會的活動。

伍繼延的口才與實力讓老鄉會的發起者心動，他們希望他能擔起組織與主持在渝湖南老鄉會工作的重任。「從體制內走出的人，過去習慣了有人管，習慣了有個組織。現在當了老闆，煩惱來了：誰來管我？沒有了自己的組織，遇到問題只有自己扛，沒有交流，沒有分享」。

文化與創意

斷了體制的奶，伍繼延習慣性地想重回一個「組織」，於是接受邀請，熱情滿懷，準備一搏。但他很快卻感到心驚——「老鄉會」居然連個章都沒有，「不是一個合法組織」。幾經折騰，時任重慶市工商聯主席的尹明善願意接受「老鄉會」掛靠，但是要求「不能叫老鄉會，要叫商會」。嘿，商會更符合老鄉會的會員身分，伍繼延爽快地同意了。

2003年初，「重慶市湖南商會」誕生了。伍繼延一查，才發現這是重慶市第二家外地商會。而這個商會，也是全國第一家湖南商會。「當時出現的一些湖南企業家組織都叫某某協會，都是政府辦事處成立的」。湖南省第一個商會卻歪打正著由民間辦成。這似乎頗具象徵性，伍繼延多年後倡導的公民社會的主體和推動力也都是他看重的民間組織。

與鮮見的湖南商會相比，「浙江商會」、「溫州商會」倒是遍地生長。伍繼延開始反思這個現象。「五四」以來，自從喊出了打倒「孔家店」的口號，一時「反傳統」的呼聲甚囂塵上。「湖湘文化」是中國傳統文化的支脈，在這個市場興起和經濟全球化的時代，很多人包括湖南人自己都對湖湘文化產生疑問：湖湘文化是否能夠勝任新時代的任務？在湖湘文化的兩座高峰「湘軍」、「湘政」之後，能否產生新的高峰「湘商」？

伍繼延以為，文化還是要有一個積澱、一個復興（現在中國人談「文化復興」已經成為時尚了），然後再創造的過程，所以他提出「湖湘文化的第三次復興」：要談創新，先得繼承。復興之為復興，指的是先去「復」、去「興」，有所指向，有所依傍，然後才能「變古為今」，再創輝煌，而非橫空出世。

「所以我提出『湘商』是站在創造『湘軍』『湘政』的這些巨人的肩膀上的。我們的老祖宗給我們留下了這麼豐富的湖湘文化的精神遺產，我們沒有理由不自豪。偏偏我本人的名字又叫『繼延』，我身體裡流淌著的是湖湘文化的血液」。伍繼延認為，商業文明已成為當今人類文明中最具有活力的文明，作為湖南商人，面對農耕文明孕育出來的湖湘文化，就要有「重估一切價值」的勇氣。這種重估，不是全面推翻，而是梳理與發現傳統中的優良基因，依據當今的普世價值整體整合規劃，創造出屬於湖南人的商業文明。

如此，就有了伍繼延事業的第二春。伍繼延充分發揮他的社會活動能力，進言於政府，遊說於商界。2007年，第一屆湘商大會召開，此後湘商網開通，湘商雜誌、天下湘商系列電視片相繼問世。湘商，這個從未出現在中國商幫文化史上的區域商人組織開始廣為人知。而2009年，伍繼延率領百名湘商在湖南古城洪江尋祖，更是一種正本清源式的行動。

當時他領頭誦讀的由他起草的《湘商宣言》振聾發聵：「天下湘商秉承湖湘文化所賦予的心憂天下的責任意識、敢為人先的創新精神、經世致用的務實風格、兼容並蓄的開放心態和實事求是的誠信作風，必將以自己的後發趕超向世人昭示——天下湘商的崛起，正在引擎湖湘文化的第三次復興」。

「十大商幫，都該死去」

不得不說，伍繼延是「92派」商人中最具反思與行動能力的健將。2009年，他就在媒體上公開宣稱「十大商幫，都該死去」。以他的智商與情商，本不會發出這樣會遭同行圍剿的口號，誰都明白，現代企業家沒一個不喜歡自己被納入某商幫。

在伍繼延看來，傳統意義上的商幫是在通訊不發達、交通不方便、法制不健全的歷史條件下，依靠地域、血緣自然形成的。那時，全國性市場沒有形成，地域性商幫應該興起。「當代社會環境發生了巨大變化，全國是一個大市場，中國加入WTO後又融入一個更大的市場，這兩個大市場是趨向於統一的。因此，傳統商幫失去生存的土壤而日漸衰亡」。

商幫當死，商會當立。但伍繼延反對那種把商會當權力組織，以營利與弄權為特色的商會。渴望找到組織的伍繼延乾脆更進一步，他認為商會應是一個非營利性的NGO組織，「不是家庭，不搞任人唯親或家長制；不是企業，不以營利為目的，更不能誰出錢多就誰說了算；不是政府機構，會長的權力來自會員的認可與擁護，而不是上級的任命，要真正做到全心全意為會員服務」。

「自由的市場經濟天然嚮往平等，商人應該是平等的最大受益者。所以，我

文化與創意

們的商會不應該充斥著權錢交易，發散著腐敗的氣息」。不得不說，對商會倫理與商會價值的反思，中國商界尚無其他人能像伍繼延一般系統。

從一家商會的文化發展，進而思考整個中華商業文明的建構，伍繼延進行了思想的深耕。他相信，迅速崛起並借鑑普世價值觀的湘商文化，一定可以成為中華商業文明重建的重要精神資源。

這個能脫口而出毛澤東的名言的湖湘企業家，並不認為本土文化天下第一，他反對專制，渴望法治，期望發掘出現代商會的另一面價值。在他眼裡，商會當然是商人的自治組織，也是和諧社會的建設者。「建設和諧社會的主體是什麼？我的理解應該是『小政府，大社會』，政府把一部分管不了、管不好的事，還給社會組織。民間商會剛好可以發揮這個作用。此外，我認為民間商會是民主政治的推動者。民主政治建設一定要有一些抓手，商會章程規定它是民主的商會，其組織形式也是民主的組織形式。這就可能（使）廣大會員在商會活動中得到很好的民主訓練、學習」。

不要讓「靠山」最後成了「火山」

湖湘文化對伍繼延而言只是一座富礦，而不是現成寶貝。譬如對湖湘文化中的核心價值——心憂天下、敢為人先，他就有如此的現代演繹：心憂天下，就是不能總是只看遠處，不把基礎打好，不能把愛國流於清談闊論。對於商人來講，心憂天下，首要是企業必須敢於承擔社會責任，為員工、為社會、為環境負責。敢為人先，是指在法治社會，我們凡事要講規則，處處為先，但要小心、不違法。敢為人先，就是要有「創新能力」。如果在產品的研發與市場的拓展上做到人無我有、人有我強、持續領先，那麼這個企業無疑是最具生命力的。

文化自有其延續性，創建一種新的文化，並非扔開傳統，而是要做現代性的揚棄。

剛開始，因為對商會提出了很多批評意見，伍繼延承受著同行的批評與譏諷。「大家很奇怪，你自己發財了，就要大家這樣不做那樣不做，是你虛偽或者

是另有所圖？」伍繼延說，有的事情多解釋無用，「我要求大家的，自己能做到，這就是最好的解釋」。而且事實證明，所謂的權力場上的「靠山」最後往往成了「火山」，大家越來越認可王石提倡的不行賄的重要價值。

作為利益至上的商人，伍繼延不覺得自己對商人與商會的要求過分，這樣反而最大程度地保護了商人的利益。「商人是市場經濟的推動者與受益者，而得到良治的商會，則反過來推動市場經濟的完善與發展。那些埋頭發大財，完全不講道德、法治，以關係謀取不當利益的人，必將危害市場經濟的發展與公民社會的建立。而一個無序、無自由的市場環境，最後競爭是零和或負和的遊戲，大家最後都無法掌握自己的命運」。伍繼延總是勸身邊的朋友「風物長宜放眼量」。

這麼多年來，伍繼延頻繁地出現在各地的商會活動上，並以演講、發表文章、出版圖書等形式呼籲商會的價值重塑。「媒體冠我以社會活動家，我既認同，又不太認同。認同，是因為我現在的主要精力確實放在商會建設上。不完全認同，是因為在我看來，公民社會的建設，是全社會的事情，每一個人都有責任積極行動，四處奔走，而不是旁觀。所以在這個意義上說，每個人都是社會活動家，我不是特例」。

推動商會的現代性建設，伍繼延樂見其成，他相信未來。「中國現在城市化已超過50％，更多市民的出現使公民社會的建設更有動力，而公民社會更是商會的生存土壤；民營經濟半壁江山的地位更突出了商會的價值，越來越多的商人會尋求更具可持續性的組織形態與活動原則；國家在頂層設計上，越來越重視民間組織，也逐步放開社會組織的註冊；而具有領先意識的企業家或學者的積極行動，將進一步影響更多商人的選擇」。

伍繼延喜歡帶外地朋友逛岳麓書院，這個千年學府，能給他帶來更多文化的自信與反思的靈感。近幾年來，他更喜歡與人探討民國開國元勛宋教仁的命運與其思想價值，那些長眠於蓊鬱岳麓山的民國先賢的思想，亦成為他時下理解國運、撥開眼前迷障的重要參考。

雷平陽：故鄉的「僕役」

文化與創意

文／李軍奇

他說：「寫詩就是說人話，應該讓一個個漢字活起來」。談及他燒掉或扔掉的過去的一些詩稿，他說：「一點也不後悔，理由當然很簡單：它們要麼是語言的灰燼，要麼與我所期待的語言存在巨大的差距，無非少年輕狂時期的譫言與妄語，空虛、空洞、空泛」。

時隔多年，客居雲南大理的詩人潘洗塵還記得這樣一件事：那時他主編一份詩歌刊物，向一位雲南詩人約稿，電話未接通，不久，接到對方簡訊：「我在基諾山上幹活，拍螞蟻」。「神人，專門抽時間躲在山上拍螞蟻，第一次聽說」。潘洗塵向筆者追憶時連連讚歎。

見多識廣的潘洗塵和這位「神人」第一次相逢，是在紙上。那大約是2005年的事情，「我在哈爾濱，雖不寫詩了，但全國的詩歌刊物基本全訂著，《瀾滄江在雲南蘭坪縣境內的三十七條支流》（下文簡稱《瀾滄江》）就是在一本詩刊上看到的，當時感覺作者的寫法另闢蹊徑，令人非常震撼」。

1983年，潘洗塵就以一首《六月，我們看海去》聲名鵲起，作品曾入選中學語文課本。兩次給予潘洗塵震撼的「神人」，是「長得平凡」的雷平陽。「很多詩人，1980年代很出色，90年代陷入平凡。雷平陽卻讓我另眼相看，他是每隔幾年就能出一個經典作品的神人」。

2014年10月23日，雲南大理。這座魅力小城的文化名人悉數奔向一場名為「山水課」的書法展覽。被潘洗塵讚許為「近20年中國最好的幾位詩人之一」的雷平陽，正是這次書法作品展的主人。而潘洗塵，不是以詩刊編者，而是以展覽策劃人的身分，與老朋友再續詩壇佳話。

從爭議到追捧

在朋友眼裡，雷平陽，這個喜歡瞇著眼笑，笑起來還有那麼一點痞氣的詩人，不喜與人拉幫結派。他的詩聞名全國之初就引起爭議。

「數以百萬計的人為一首詩的好壞展開激烈爭論。繼上週上海、北京等地一

批新銳詩人被搬上8月號的《時尚先生》,一首《瀾滄江在雲南蘭坪縣境內的三十七條支流》來勢兇猛。不久前,《羊城晚報》和『天涯網站』等媒體對此進行了『全民式』的大討論」。這段話源自2005年8月10日《東方早報》的一篇報導。

《瀾滄江》全詩35行,2005年首發於《天涯》雜誌。「瀾滄江由維西縣向南流入坪縣北甸鄉／向南流1公里,東納通甸河／又南流6公里,西納德慶河⋯⋯」2005年7月在海南尖峰嶺舉行的詩會上,《瀾滄江》便成了爭論的焦點。有人熱烈褒揚,學者臧棣認為,《瀾滄江》一詩「在它的固執的羅列裡,有一種固執得不同尋常的詩意」;《天涯》雜誌主編李少君也對該詩予以肯定,他認為,「其獨特的個人經驗與地域特徵結合得精微得當,但同時又有某種大氣象」。

但也有人對該詩的價值表示「懷疑」。廈門城市大學中文系教授陳仲義以該詩為例,指出了當今出現的「類型化寫作」徵候,並嚴肅地批評了它的「格式化」特性。此詩流傳到網上後,立即在更大範圍內引發了討論。不少網友納悶:「這樣的詩,還是詩嗎?」部分網友對這樣的寫作表示「傷心」;甚至還有極少數人以「墮落」斥之。

對於那場討論,雷平陽事後說他「保持了沉默」。一是因為他不會電腦,上不了網;二是因為他也想靜靜地做一個旁觀者,真誠地去聆聽一下人們的聲音。這是從不惹是生非的雷平陽第一次陷入輿論漩渦。

如同很多1980年代進入大學的自卑而寡言的農家少年一樣,雷平陽在校園點燃了文學創作的激情。1985年,雷平陽大學畢業後,被分配到鹽津縣委做祕書。五年的下鄉蹲點、調查,讓他在「爬過一座又一座山」中看到自己不想要的生活。

辭職後,雷平陽先後在一家報社、一家企業和兩家雜誌社供職。2002年,正好是他工作逐步穩定的時候,春天,閒下來的雷平陽花了一個月時間,走遍了金沙江下游的一個個古鎮,以及「群峰之上一座座已淪為廢墟的地主莊園」。

雷平陽曾和朋友立下宏願:對雲南的幾條江和幾座神山進行調查,進而為之

立傳。這年秋天，雷平陽開啟瀾滄江之行。那趟旅行，「讓我得以打開了滇南和滇西的山河畫卷，它像一條上帝架設的通往世界之心的偉大走廊」。2002年10月26日，雷平陽從雲龍縣搭乘一輛夜行貨車回到大理古城，風塵未洗，就在酒店的留言信箋上寫下了這首《瀾滄江》。雷平陽對這首詩的寫作頗為看重，他向筆者一再強調：「那是憑自己的親身經歷，又藉助客觀的地理資料，並讓這些資料依靠觀念而復活，從而寫出了這首詩歌」。

那時的雷平陽嘗試以「純淨」的語言寫作。在與南開大學文學院教授羅振亞的一次對話中，他說：「寫詩就是說人話，應該讓一個個漢字活起來」。談及他燒掉或扔掉的過去的一些詩稿，他說：「一點也不後悔，理由當然很簡單：它們要麼是語言的灰燼，要麼與我所期待的語言存在巨大的差距，無非少年輕狂時期的譫言與妄語，空虛、空洞、空泛」。

注重細節，使得雷平陽迥異於那些泛泛的以強調所謂「地方性」為標誌的詩人。雲南的山河進入雷平陽的筆下，或葳蕤雄奇，或神祕蜿蜒。雷平陽告訴媒體：「我寫雲南的一個原因是，以前強調人們開天闢地、改造世界的能力，雲南是一個泛神論的地方，但知道敬畏的詩人很少。我們要維護自然的秩序，讓我們有道德、有標準、有秩序」。

雷平陽的「深耕」得到了文學界的肯定，他先後獲得第二屆華文青年詩歌獎、第三屆「茅台杯」人民文學詩歌獎、中國青年作家批評家論壇「2006年度青年作家」獎、第五屆華語文學傳媒「2006年度詩人」獎、魯迅文學獎等獎項。

如寓言般的生活

「平陽的話很少，但說起話，非常有魅力」。潘洗塵提及雷平陽的講述能力，讚不絕口。「他不講什麼技巧，大都是自己經歷的，譬如說雲南，很多人不就是轉述書本上的雲南嗎？平陽不，他講的是自己碰到的人或事」。

2013年冬天，一個北京的朋友到大理，潘洗塵、雷平陽作陪。作為土著的

雷平陽，當然成為場上講故事的主角，譬如他講起這樣的事情——一次，他去西雙版納採風，請了一群當地的嚮導和翻譯。山路起伏，走了一段後，有人說自己的老相好住在附近，要去探望一下。繼續走，又有人叫嚷口渴，就獨自一人下山喝酒去了。到了山上，他們遇見了一群獵人，然後又有幾個嚮導「樂癲癲地跟著獵人們一起瞧熱鬧去了」。最後身邊只剩下一個年輕的翻譯，浩浩蕩蕩的隊伍不到終點就變成了孤單的二人行。

最令雷平陽意想不到的情況發生了。兩人經過一個村寨時，一個姑娘從一大堆晾晒的衣服裡露出了頭，翻譯看見了，立馬石化了，決定留下來，直到那個姑娘嫁給他。任憑雷平陽苦口婆心地勸說，翻譯始終擺出「我自巋然不動」的姿態。雷平陽哭笑不得，整個隊伍未到終點，就只有他一個人了。

類似這樣如寓言般的故事，任誰聽了都會著迷。北京的朋友就此喜歡上這個看上去不善言辭的詩人。2014年潘洗塵創辦的「天問詩歌藝術節」啟幕前，這位朋友聽說雷平陽也會到場，興奮地告訴潘洗塵，要再來大理聽雷平陽講故事。

這種滿是細節、看似詭異的故事，在雷平陽看來稀鬆平常。「我的老家昭通不僅每個村莊都有一本行進中的《聊齋誌異》，而且現實生活中也總是房屋與墳墓混在一起，沒有邊界」。那兒的人們在講述某些事件的時候，也總是將死人與活人放在一起，「分不清誰死了誰還活著」。

譬如他父親住院的故事。雷平陽的父親在去世之前生過一場大病，住院手術時，一大群鄉下的親戚聞訊趕來，站滿了醫院的走廊。見此陣勢，他父親嚇壞了，以為親戚都是來「送」他的，死神找到他了。所以，「在上手術台之前的那個晚上，他驚恐萬分，臉色寡白，雙手顫抖得連衣扣都扣不上」。可在次日早上，他父親忽然鎮定自若，鄭重地將雷平陽叫至床邊。父親歷數了村裡他一生所見的人死的情狀，「聽得我驚心動魄，而他則從這些死亡案例中獲取了面對死亡時的那份從容與坦蕩，似乎還夾雜了『我見過了那麼多的死，我的死又有何懼』的潛在意識」。

雲南昭通市歐家營是雷平陽的出生地。1980年，雷平陽「陰差陽錯」地考上了高中。1970年代末，國家恢復了中考和高考。學校的教育走上了正軌，但

文化與創意

雷平陽說他的心還是野的。他的心不在課堂上，而在圍牆外的田野中。一有空，他就會跑到學校外，躺在墳堆上晒太陽。老師發下來的課本，他一本也沒有興趣看，只愛讀或者背誦一本叫《漢語成語小辭典》的書。因此，「每次寫作文，總是文白夾雜，樂此不疲地堆砌辭藻」。

除此之外，雷平陽喜歡抄山歌。他的同學來自昭通的各個鄉鎮，每個人都會唱幾首山歌，雷平陽就把山歌一一地抄下來。「月亮出來月亮黃，照個石頭像我郎。抱著石頭親個嘴，想著想著笑斷腸」。類似的情歌，雷平陽回憶說，讓他發現了「身體中躲著的那些春天的野獸」。

但真正讓雷平陽陷入詩歌之網的，不是它們，是民間唱本，《蟒蛇記》、《柳蔭記》和《說唐》之類。那是跟村裡幾個拉二胡唱書的老人學的。

對志怪傳統和民間唱本的瞭解、學習，也許就這樣成就了雷平陽非同一般的敘事魅力。

「書法像高超的醫生」

雷平陽以詩人、散文家的身分為公眾所知，而他在書法上的成就讓他的朋友們大為推崇。讀高中時，雷平陽就開始練習書法。據朋友回憶，當時的語文老師經常在課堂上「表揚他的書法，批評他的作文」。

2014年國慶長假，雷平陽應潘洗塵之邀，偕妻兒前往大理小住。他的詩人朋友李亞偉、樹才已等著他來品茶喝酒。在潘洗塵主辦的天問讀詩書院，雷平陽像以往一樣，在聊天的空隙，提起身旁的毛筆抄寫起朋友的詩歌。

潘洗塵看著寫得興起的雷平陽，突發奇想：給平陽辦個書法展吧！這個動議馬上得到了在場和不在場的朋友的支持。於是國慶的假期成了雷平陽的加班日。「每天早上8點，我們還在睡，雷平陽就開始揮毫寫字了。早上連續寫兩個小時，清晨寂靜，他的字沉靜有勢；晚上喝酒歸來，雷平陽繼續寫，字帶酒氣，剛勁有力」。詩人樹才說，這個「勞模」連寫5天，寫出了100多幅字，有王維和白居易等古代文人的詩篇，也有朋友的詩句，「還有他多年攢在肚子裡的好句

子」。雷平陽精心挑選，選出40多幅作為展出作品。

雷平陽認為，好的書法，唯一的標準，是每個漢字都有生命。「我感覺山水是我的老師，是我的神明，它們一直給我上課。這次展覽，是我以書法的名義向山水致敬」。

當然，這不是雷平陽第一次舉辦書法展覽。著名文學評論家謝有順對書法研習頗有心得，他認為雷平陽的書法有「山野氣」和「書卷氣」，「他的筆之所至，隱隱的，總覺得是在揮灑一種性情，內有熱烈的東西，也有一種寂寥之感，只是，他的熱烈和寂寥都是節制的、隱而不發的，這就形成了他的書法作品中那種獨特的隱忍之美」。

著名作家王祥夫也盛讚雷平陽的書法「更好在不做態」「書法之大忌在於做態，須知『天真爛漫』要在法度之間才好看，如無法度便不可看。平陽書法用筆力度把握亦好，說到書法，筆弱則奇怪生焉。平陽用筆是爽利生風而不是亭亭靜靜」。

「有一次，他和阿來、謝有順去安康，途經西安，我們見面、喝茶，說有趣的話，也談論書法。我才知道，他在寫字，而且在文學界書名很盛了。那天，在我的書房，有順鼓動他當眾寫一幅，他的表情有點怯，提起筆來卻有大將風度，筆法沉著，腕力沛然，寫的『正身率物』四字，有碑意，也率性恣肆，文人氣息濃厚。他的字奇而正，不像其他一些文人，不受約束，不尊先賢，任意而為，紙面上就難免有滑俗的意味」。

著名作家賈平凹在一篇文章中談及雷平陽的書法，很是讚許，就連雷平陽寫在茶餅包裝紙上的手札，他也是滿心歡喜，「每寄一種茶，都會用毛筆在民間土紙上寫幾段話附上，說明這茶出自哪座山，哪個作坊，採自何時，係何人所製。我平時是很喜歡讀這些便箋、手札的，它最能見出一個人的性情和旨趣」。賈平凹眼高，很多書法家之字也難入他法眼，但他對雷平陽的字特別欣賞，「最可貴的一點，就是有拙正、莊重的味道，所以在他的筆端，常見方筆，他的筆是定得住的，意到，筆才到，入了一種境界」。

來自書法名家的讚譽也不絕於耳。雷平陽聲稱自己從來不臨帖，這讓著名書

文化與創意

法家于明詮有點吃驚。在他的觀念中，臨帖是學書法的不二法門，但看了雷平陽的書法後，他釋然了。作為一名優秀的詩人，「在眾多學書者的隊伍裡自有其不『一般』的靈性與稟賦，學書的方法也就有一點『不一般』了。不臨，怎麼學呢？讀，看，揣摩，體悟，等等」。「雖然不臨，但絕不是不學。他迷戀顏魯公《祭侄稿》、蘇東坡《寒食帖》及徐渭、王鐸、傅山等，朝夕摩挲，以手畫空，如痴如醉」。他說雷平陽是以寫詩的方法、以詩歌思維橫超直入頓悟式地「寫」書法。

著名書法家王冬齡的評價更是詩意磅礴：雷平陽的書法，自由、隨意、服從於心，每一個字都是鮮活的，都有生命，但我在其字的背後，仍然看到了魏碑、魏墓誌和漢碑風骨。他的字其實就像是一個個微醺的詩人。「這微醺的狀態就是他書法的狀態」。

雷平陽喜酒，而「酒」字入他的書法，亦是常見。李亞偉至今唯一收藏的一幅雷平陽的書法，也是雷平陽抄寫李亞偉一篇酒氣淋漓的詩作——《酒中的窗戶》「……山外的酒杯已經變小／我看到大雁裁剪了天空／酒與瞌睡又連成一片／上面有人行駛著白帆」。

安魂與走出

與詩歌圈中人往來多年，潘洗塵深知這個江湖的水有多深，「像平陽這樣詩品和人品俱佳的詩人太少了，我敢說他是詩壇扶老挈幼的人」。

自1980年代起，中國詩壇門派林立，幾乎稍有成就的詩人都傾向於拍死長江前浪，樹自己的大旗。「雷平陽從80年代走過，但他沒有這些習性。對老一輩好的詩人，他始終敬重。沒聽說他人前背後講過他們的壞話；對年輕詩人，他向來樂於提攜。一次我編輯青年詩人特輯，他一下就給我推薦了18位優秀的詩人。你別看他眼睛小，但看得準」。

即使點頭之交，雷平陽亦是笑瞇瞇地與其相處。如果恰巧詩歌美學比較接近，私交就更好一些。哪怕兩個仇人，他跟雙方也可能處得不錯。雷平陽說：

「關鍵是你無論對誰，都要真誠」。

「一個始終襟懷坦蕩、天真無邪、快意恩仇的人，我不相信他的身邊有邪靈」，這句他寫給朋友的話，也可用在他的身上。

雷平陽的妻子陳黎描述丈夫，特別銳利，「他就是一個身體裡面裝滿了沙子的人」，「每一顆都很乾淨、很純潔」，但也是有分量的，「這些沙子融入了他的身體，成就了他的生命意義，而他樂於接受這份責任，他覺得這是他活著的意義」。

2008年5月12日，汶川大地震。身處滇南一隅的雷平陽初聞噩耗，心情沉重。不久，共青團雲南省委邀請雷平陽為這次大地震作詩祈禱。很少寫朗誦詩的雷平陽立即允諾。曾親歷麗江、普洱地震的雷平陽說，作詩之初，他曾花了好長一段時間，讓自己的內心平靜。

一天，雷平陽的好友聽說他要寫悼念大地震死難者的詩，跑來要給他提供素材，不料當著他的面慟哭了兩個小時，「自始至終，隻字未提素材之事」。雷平陽努力讓自己不哭，提起筆卻無從落筆，他在尋找靈感和情緒的爆發點。在某個凌晨的3點，他的筆終於寫下了《安魂曲》，接下來，壓抑了太久的情感沿裂隙噴發。天微亮，《安魂曲》以「從天堂回家的路／最後一站，它的學名叫四川，小名叫天府」戛然而止。

人類的悲傷沒有句號。2014年8月3日，雲南魯甸強震。故鄉的災情讓雷平陽震驚。忙完魯迅文學獎評選，8月12日，雷平陽趕回昆明；8月13日一大早，雷平陽就趕到魯甸龍頭山。他和朋友一起前往災區，察看災情。他目睹災難的慘烈程度，「遠遠超出了螢幕訊息和我的想像。災區的兩個晚上，我無法入睡」。他想盡自己的綿薄之力——除了用文章《讓我們默哀吧》來告慰故鄉親人外，他還想發動自己的朋友，徵集他們的作品，義賣賑災。

從不用微信的雷平陽在10歲兒子雷皓程的幫助下，開通了自己的微信。不定時圖文播報徵集到的名家書法作品成為他刷微信的習慣。「今晚由中航雲璽公司舉辦的魯甸賑災藝術品拍賣活動，我這幅抄寫蒼雪大和尚詩歌的書法拍了17000元人民幣。如果還有類似活動，我還會去參加，無論拍賣價格多少，只想

文化與創意

盡盡自己的心力！」這是雷平陽8月30日發出的一條微信。

很少有人看到雷平陽金剛怒目的樣子。和雷平陽交往多年，潘洗塵知道雷平陽有個不能觸碰的底線，那就是不能「反自然」。「他是一個隨和的人，但一個對自然不給予充分尊重的人，一個對自然靈性沒有敬畏的人，是不可能成為他的朋友的」。

2003年，一個攝影師在昆明做影展。鏡頭下全是雲南邊寨的兒童。攝影師輾轉找到雷平陽，請他去，同時希望雷平陽寫篇文章「吹吹他」。礙於情面，雷平陽去了，但看了不到三分之一，掉頭就走。攝影師來電話催文章，雷平陽直接告訴他：「你的攝影作品讓我非常噁心」###。理由如下：第一，他冒充了上帝；第二，他可以是個慈善家，但不具備藝術工作者的素質；第三，他與鄉村生活隔著一堵牆……。雷平陽還告訴他：「30年前，我亦是那些孩子中的一個，貧窮固然讓我痛徹心脾，但快樂也讓我成了一個小神仙。如果藝術成為方法論，你所用的『藝術』是虛假的、偽善的，和我搭的不是一輛車，用的不是一本字典」。

雷平陽那時真的怒了：「如果，每一個孩子的雙手，都在向天空揮舞，想抓住上帝；如果，每一個孩子的眼睛都是空的；如果，每個孩子的肉體都是骯髒的……你相信嗎？」雷平陽說，那是他第一次對著一個藝術家爆出粗口：「你這個雜種！」

電腦的出現和時代的原因，讓書法離我們的生活越來越遠。但雷平陽堅持不用電腦，他認為文人還是應該有一點古代士大夫的情懷，「現在很多書家沒有文人的修養，而文人也大部分沒有書法的訓練。比如你去書畫裝裱店，到處都是『難得糊塗』、『天道酬勤』、『淡泊明志』這樣的條幅，實際上卻一點也不糊塗，一點也不淡泊，充滿了商業氣」。

一次，朋友囑咐雷平陽抄寫《列子·周穆王》。雷平陽看到有僕役說「人生百年，晝夜各分。吾晝為僕虜，苦則苦矣；夜為人君，其樂無比。何所怨哉？」，心有所動，他轉換表達，以「晝為僕役，夜是國王」句，發於微博，表明心跡。有朋友讚歎，這是一種偉大的生活——不被世俗雜事遲滯腳步朦朧雙

眼,人生應該快樂地享受夢想的澄明高潔。

在雷平陽看來,生活有三種境界:一種是「春風得意馬蹄疾,一日看盡長安花」,一種是「河山天眼裡,世界法身中」,而境界最高的一種是「老僧笑指風濤險,坐看江山不出門」。而雲南的大山大河,能讓他感受到「老僧」笑談的禪意。

不過,他是不會「坐看」的,他喜歡「出門」。走過瀾滄江、基諾山後的雷平陽說:「不久的將來,我要寫一部關於烏蒙山的書」。

《讀庫》張立憲:以互聯網思維做出版

文／原業偉

現在進入身分模糊時代,讀者有時候比編輯更在行。在網路平台上不要耍小聰明,編誇張的悲情故事,晒情懷、晒悲壯。

張立憲畢業於人大新聞系。2005年,36歲的他已經歷過新聞出版的各個形態,報社、雜誌社、網站、出版社,左右逢源,永遠有接不完的訂單、掙不完的錢,但都是別人挑選自己。他稱自己這時的心情為「焦裕祿」——焦慮、憂鬱、忙碌,對自己擁有的所有東西產生了懷疑,所得即所失。他清空自己的思路,明確了自己最應該做、最想做的事,下決心要做一套符合理想的書。

《讀庫》的誕生,正是針對傳統出版業的弊端。在傳統的出版體制內,責任編輯沒有責任,也沒有權力。一本書做好了大家都來搶功,做壞了則互相推諉。封面設計、用紙,都有可能受到掣肘而不能盡善盡美,編輯總有理由為自己開脫。張立憲做《讀庫》的初衷,是要實現做書的最高理想,做一部可以養老的書,30年、50年後仍然在銷售,退休時還可以帶來利潤。而要達到這個理想,就不能在做書的過程中計算時間,而應該打磨完美後再與讀者見面。他認為,直達、開放、活態是互聯網思維的精髓。《讀庫》的編輯方向是活態的,讀者和編輯互相激發;選題上讓數萬讀者開放參與;營銷上追求直達讀者;內容製作上不遺餘力、不計成本、不留遺憾,追求極致完美的產品形態。這些正是《讀庫》特

立獨行的關鍵。

藍圖設計：開放的編輯思路

很多人說《讀庫》是理想主義，張立憲認為，理想主義一定要有完成度，不能好高騖遠，虎頭蛇尾。在創業之初，他對自己的商業模式就已有清晰的規劃。他自述：「在回北京的大巴上想到要做這套書，用幾天時間就設定了清晰的藍圖，包括出版形式、經營模式等。現在《讀庫》的基本形式就是當初設想的」。從作品篇幅上看，張立憲將《讀庫》設定為中篇讀本：1萬～5萬字，非虛構、非學術的內容。這個設計理念有得天獨厚的優勢，篇幅適合現代人閱讀，比報刊文章更深入，但做單行本分量不夠，報刊上又因為太長不便刊發。因此《讀庫》平台出現後，有很多在《讀庫》出現前就已經寫好但無處投遞的稿子都被吸納過來，可見這是一片內容的藍海。

《讀庫》的選題設計則充分展現了「開放」的原則。在設計藍圖階段，張立憲就將策劃《讀庫》的想法、《讀庫》的編輯出版進度等在部落格上「全程直播」，搭建起即時互動交流平台，隨後就不斷有網友留言指點。來自民間的大量選題充實了《讀庫》的儲備，也帶給編輯意外的驚喜。由於網路平台是開放的系統，讀者互動頻繁，開始的幾年，《讀庫》貌似只有張立憲一個編輯，背後卻是無數讀者都在為《讀庫》的選題出謀劃策。「用戶即員工」，讀者義務發展下線，提供選題，義務推廣。如今《讀庫》擁有全職的編務人員三四個，也擁有自己的設計師，但其編輯團隊的建立則是倚靠一組開放的合作班底。張立憲為每個項目都成立三五個人的流動人才團隊，薈萃業內最優秀的創作力量。開放的平台讓更多優秀的選題和編輯人才進入張立憲的視野中。

開放的選題模式，讓《讀庫》文章風格多元，有的是無名的作者之作，如「小九」這樣的底層人物；有的非常專業，如「建築史詩」系列裡的《萬神殿堂》，講古羅馬的建築；再如德國司法案例系列文章，艱深到很多審校老師讀著都想哭。有的讀者嫌內容太過艱深，或作者尚不知名。張立憲並不迎合每個讀者的意見，他認為：「報刊對讀者的迎合更多一些，更『勢利眼』；而書應該讓讀

者閱讀應知而未知的東西，得到意外，喚醒甚至製造讀者的閱讀需求，有一定的強迫性」。

《讀庫》的產品形態設計，充分照顧了發行的便利，同時為互聯網銷售預留了空間。張立憲介紹：「《讀庫》是定期出版的連續出版物，而又並非刊物。好處是有較長的銷售週期，沒有人會買一本3年前的舊刊物，但會買一部3年前的舊書；而又能夠長期占據新華書店的書架位置，不會因為陳舊而下架，普通圖書在實體書店兩三個月下架。封面設計一致，只有編號區別，便於讀者識別。後來，有人建議將《讀庫》變成期刊，我不善於拉廣告，所以不願意做成期刊。《讀庫》應該有書的品質、書的質地，而不是在雜誌世界中競爭」。

極致的產品質量：三不原則

互聯網產品追求質量的極致，在內容製作和裝幀設計方面，張立憲的標準極為嚴格。《讀庫》的選稿標準是「有趣、有料、有種」，約稿原則是「不遺餘力、不計成本、不留遺憾」。在編輯《城南舊事》時，張立憲找到了3種不同版本，逐字逐句查找分歧，任何一處修改都詳細追究其理由，並且找了北京古建方面的專家王南等學者專門做了《〈城南舊事〉名物考》，作為該書的補充。從時間上，郭德綱、周雲蓬的人物專訪這樣的大稿子，需要半年的時間籌備，採訪3個月、寫作3個月，用他的話說：「要採訪他對你說的話，要記錄他說話時的樣子，要記錄他不說話時的樣子，也要記錄他做的事，還要記錄他的朋友說的話，這樣人物才能立起來」。

關於圖書的編輯，張立憲曾經說過：「對某稿或某處決定不改，這同樣是一種編輯能力」。他認為，編輯不要濫用自己的權力。很多編輯「為改而改」，為了顯示他編過，而做一些不必要的改動。有時《讀庫》的編輯一開始會改，可改到一定程度，會忽然發現這是作者的特點，就趕快往前找，恢復過來。例如《讀庫1205》的《父親在工地》，在編輯到2／3的時候，編輯發現這篇文章幾乎沒有引號，後來再出現引號的時候，就把引號去掉，讓整篇文章都不出現引號。這篇文章在三審三校的過程中，有的編校老師給一些專用名詞、引用的歌詞加上引

號,張立憲又把這些引號悄悄去掉了。他喜歡作風明快的編輯,這些編輯不糾纏,不糾結,具有「節克理」的風格:節制、克制、理智。

在裝幀設計上,《讀庫》「奉行極簡主義」,一方面「摁住美編表達的慾望」,另一方面「屢屢驚動北京印刷高手」,因為《讀庫》在數百種紙張中選擇用紙。張立憲認為:「在用工用料的時候,千萬不要為了省錢,做非常勉強的選擇。確定了用哪一類紙,就要選這一類裡面最貴的那種。一分錢一分貨,這方面真的騙不了人。不要為了省30%的成本,而犧牲3%的品質」。在他看來,出版業高度工業化,任何環節都有技術標準,沒有很大的隨意性,有基本的審美共識。做圖書首先應該瞭解規矩,按照規矩辦事。自己的《讀庫》和系列圖書,以國際水準衡量,僅僅達到了及格標準。

互聯網營銷:直達讀者的銷售模式

從網路書店銷售,到部分直銷,再到全直銷嘗試,這三步是《讀庫》營銷的進化,其對全直銷模式的探索尤為令人耳目一新。張立憲回憶說,《讀庫》創刊時已經看到了網路的力量,先找到噹噹網談合作,噹噹網要貨5000本,他心裡一下有了底。當時網店大約占圖書市場的10%,網店能立住腳,實體書店就好做了。看來《讀庫》天生就有適合網路行銷的「互聯網基因」。

從2008年至今,《讀庫》在網店的銷售量一路攀升。目前《讀庫》已銷售4萬冊,網店占60%～70%,其中直銷所占比重越來越大,目前約占全部銷售的1／4。這是《讀庫》迥異於其他出版物的特色。張立憲介紹,開始他們銷售《讀庫》時並不重視做直銷,想給發行商噹噹網、亞馬遜以信心,就像可口可樂公司不能代替超市賣飲料。之所以開天貓旗艦店、做直銷,一是因為讀者「倒逼」,適應大時代潮流;二是因為「搜」時代到來,銷售出口越單一越好,如果搜索「讀庫」,搜索引擎出現十幾頁銷售出口,讀者就會無所適從;三是因為在中國商業倫理不規範的時候,第三方銷售意味著必須經過銷售商的盤剝。

一番嘗試之後,張立憲已經嘗到了直銷的甜頭:第一,不打折,本質上就是將預留給第三方銷售商的利潤,直接釋放到做書的成本中,讓圖書的品質上升。

第二，產品沒有損耗，直接從倉庫發到讀者手中。第三，庫存所見即所得，一旦售罄馬上安排加印。第四，不打折還避免了價格戰的惡性競爭，價格戰讓書的名聲很差，讀者永遠在等打折。不二價，不給網路商店價格操作的空間，不搞虛高定價的把戲。第五，直銷打造了適合現代人的商業環境。

張立憲預測，以後傳統出版社與《讀庫》團隊的差距會越來越大，這是營銷模式的勝利。他具體分析說，傳統模式5000本書只需要發15～50家店即可；而直銷模式5000本書就發5000個訂單，打5000個包，發到5000個讀者手中，倉庫有十幾個員工負責，每小時處理訂單2000個，這種能力一般出版社都不具備。即使是快遞公司，很多也無法提供如此優質快捷的配送服務。

《讀庫》創新的營銷模式，為打造極致的產品形態提供了支持。從成本結構來看，出版社給批發商的折扣以六折計，加上損耗，至多能回收五折，包括10%的版稅、20%的印製成本、20%的管理成本。而一本書的印製成本通常不超過書價的20%，包括用紙、用料、裝訂、印刷。這種成本結構和發行模式造成圖書利潤極其微薄，導致書籍印製品質不佳。《讀庫》團隊的做法是，透過直銷渠道的支撐，把圖書的實際回款提高到七折。以新書《我的一生》為例，該書做了一個書盒，成本是5元，如果放在第三方銷售，定價就會放大15～20元。圖書的品質上升，也讓利給讀者，讓讀者拿到性價比更高的書。

直達讀者的銷售模式還讓《讀庫》直銷店幫助一些小眾化的圖書找到了「知音」，取得了意想不到的市場效果。2012年，《讀庫》團隊為河南年輕詩人海桑的詩集《我是你流浪過的地方》做了在自營網店直銷的試驗。張立憲判斷，這部詩集如果在電商平台或者實體書店銷售，會很快被埋沒。而在《讀庫》自建平台上，累計銷售了12000本。雖然《讀庫》直銷店沒有噹噹網和亞馬遜的客流量大，但對符合《讀庫》品質特徵的單品圖書，能造成強調作用，銷售週期也更長。《讀庫》平台聚集了一群同質的讀者，這堅定了《讀庫》團隊走全直銷道路的信心。

目前《讀庫》尚未實現全部直銷，在電商和傳統平台上還有銷售，因為很多讀者習慣了這些平台。而對新的品種，尤其是相對小眾的品種，就採取全直銷方

式。《城南舊事》一書預期銷售好，而且版稅壓力大，張立憲堅持在《讀庫》自營店直銷，2013年銷售了15000本。而去年出版的《永玉六記》，依舊供應噹噹網等網店，因為考慮到該書有不少的大眾讀者。《我的一生：梅厄夫人自傳》剛出版兩個月，就銷售了5000本，很快安排了加印，該書剛剛出版1個月左右，張立憲就給所有的粉絲發了語音微信，通報了《我的一生》的編校情況和銷售狀況，有效地與讀者溝通，從而促進了銷售。

活態的營銷模式

張立憲不喜歡「粉絲營銷」這個說法，他不希望用功利的誇張手法吸引粉絲，主張順其自然。「我們把書做好，等待您來發現」，是《讀庫》淘寶店的標語。《讀庫》的微信微博，很少用無效訊息打擾讀者，因此粉絲不算多，但互動率較高。張立憲認為，現在進入身分模糊時代，讀者有時候比編輯更在行，在網路平台上不要耍小聰明，編誇張的悲情故事，晒情懷、晒悲壯。《讀庫》並不以「有獎關注」、「轉發抽獎」等方式推廣，張立憲認為，「一個好的品牌一定是驕傲的，一個好品牌的用戶也一定是驕傲的」。為了占小便宜而來關注的讀者，也不是好讀者。

張立憲對優質讀者有自己的定義：「這個時代還花錢買書、花時間看書的人，這樣的一個特徵，足以抵消他的學歷、職務等其他標籤」。為了不打擊發行商的積極性，《讀庫》直銷時不打折，而第三方網店則打折銷售。但很多讀者並不在乎價格優惠與否，在年初將全部書款付清，只等收貨。這些對價格並不敏感的用戶，恰恰是《讀庫》最優質的用戶。他認為，圖書是最偉大的商業，只有買書，顧客花了錢還會向你說「謝謝」，具有高情感附加值。

但張立憲現在還認為《讀庫》和讀者融合度、互動的豐富性不夠，還沒有將最先進、最便利的手段用好用足。他計劃繞開中間商進行垂直銷售；逐步將發行權從一些大型電商手裡收回來，再走出去，走向書店、咖啡館、百貨公司，甚至走到個人家裡。張立憲構思了新的營銷模式，擬將咖啡館等公共場所設計為圖書的體驗店，比如讀者在雕刻時光咖啡館看到一本《讀庫》的產品，印有二維碼。

只要掃描二維碼，就能透過手機下單，書會直接送到讀者家中，讀者第二天就可以拿到書。後台識別訂單來自雕刻時光，可以返點給雕刻時光。體驗店造成櫥窗的作用，但沒有庫存和資金壓力。

在張立憲看來，圖書還可以透過大V（指微博上活躍並擁有大群粉絲的用戶）的自媒體平台銷售。如某影星透過微博推薦《讀庫》，目前可能只是出於友情，但很多大V已經開了淘寶店，以後會有商業訴求，一旦《讀庫》與其達成綁定帳號協議，以後如有讀者因其推薦購買了《讀庫》，該大V便可獲得傭金。將來無論大V還是小V，都可以獲取一段連結，成為《讀庫》的推廣人。

在圖書之外，《讀庫》團隊還開發了很多衍生產品，如明信片、年畫、筆記本、書袋、卡片包、零錢包，並取得了出人意料的市場影響。張立憲認為，出版社只做書，不符合開放活態的時代。如《豐子愷畫冊》在西方銷售，可與豐子愷主題的筆記本、書籤、明信片、書包、茶杯搭配，以「豐子愷」為題設置專區；在中國的書店只會和齊白石、張大千的畫冊放在一起銷售，以繪畫為主題設置專區。這是思維的侷限性。

《讀庫》已經創立9年，只有一二百個品種，但所有品種都在銷售。被業界譽為「以互聯網思維做出版的第一人」，張立憲也有看上去不那麼「互聯網」的一面——他要求《讀庫》招聘的新員工先要去倉庫實習一段時間，熟悉客服、物流、配送。但或許正是Online與Offline的這種無縫銜接才是《讀庫》在一個傳統行業裡走出一條新路的關鍵。

管士光：編輯是我一生的選擇

文／原業偉

出版人要轉變觀念，兼容並蓄。

對於大多數人來說，一份具體的工作和職位可能是短暫的，而對於深耕30年文學沃土的人民文學出版社社長管士光來說，編輯卻是其一生的選擇。

文化與創意

我們一步步登上了朝內大街166號的台階，進入人民文學出版社（下文簡稱「人文社」）所在的這座1958年建成的灰樓，彷彿走進了時光隧道。單薄的木質窗欄、失修的樓梯、陳舊的水池，觸目皆是。這裡就是新中國文學的神聖殿堂，北京的文化地標。新中國的文學出版事業正是從這裡開始的。後樓建設的時候，還是青年作家的馮驥才曾搬磚添瓦，路遙、張潔、李國文等一批作家都曾住在這裡改稿子。在這裡，我們訪問了人文社社長管士光。

管士光30年的文學編輯成長之路，與人文社這家歷史悠久的老牌出版社的發展同步。管士光是山東梁山人，出身軍伍，為人爽朗大氣。1978年他趕上了恢復高考的第一次招生，進入中國人民大學中文系古典文獻專業學習。這一年入學的學生具有強烈的求知慾，日後也撐起了中國文學黃金一代的發展。

研究生畢業後，由於具備在軍隊中入黨的優勢，管士光在職業選擇時擁有很多機會，可以選擇國家機關、留校或者媒體。他不願選擇略顯封閉的書齋生活，也不願進入人事關係複雜的機關，最終選擇了出版工作。管士光認為這份工作適合自己的性格，有利於自己的文化積累；人文社與專業相關，又並非純研究機構；出版與社會聯繫密切，但又有濃厚的學術氛圍，有充裕的時間讀書、寫作。於是，1985年他進入人文社，開始了30年的編輯生涯。

管士光在基層磨煉了十多年，直到1996年才擔任編輯部副主任的職務。這時人文社人才眾多，評職稱困難。在市場經濟前期，出版節奏緩慢，鉛字排版動輒全盤重排，有時一位責編一年只能出一本書，這磨煉了管士光的編輯素養。管士光將這段時期稱為自己的「積累期」，他發表了古典文學研究專著20餘部以及大量專業論文，成為唐代文學領域的專家。

1999年，聶震寧從廣西調入北京，成為人文社社長。為組建新領導團隊，社裡開展民意測驗，管士光遙遙領先。3月24日，管士光擔任人文社副總編輯，負責古典文學出版，他是該社改革開放後第一批引進人才中最早進入管理階層的人。他有深厚的編輯基礎，又瞭解社裡情況，2002年即升任總編輯，主管全社選題；2012年升任社長，成為繼馮雪峰、巴人、韋君宜、聶震寧、劉玉山、潘凱雄之後，這座文學殿堂的又一位掌門人。這位古典文學學者出身的出版人，如

何讓這座古老的文學殿堂煥發青春呢？

朝內166號，將大樓做成品牌

談到朝內166號這座大樓，管士光介紹，人文社成立於1951年3月28日，當時周恩來總理親點老革命家馮雪峰擔任人文社社長。1958年這座蘇式風格的建築成了人文社大樓。人文社和人民出版社、三聯書店都曾在此辦公，現在人民出版社、三聯書店都已經搬離，這座舊樓也到了該翻新的時候。這座看似古舊的大樓，處處留下了新文學的印記。

朝內166號甚至成了人文社的品牌。人文社現代文學編輯室主任王培元寫了《永遠的朝內166號：與前輩魂靈相遇》一書；2012年，人文社出版了《朝內166人文文庫》；2013年這裡啟動了「朝內166文學公益講座」，持續至今，共組織了15次，「張慶善講解《紅樓夢》」就是其中之一。

2015年11月22日，北京風雪交加，朝內166號的會議室卻溫暖如春。140餘位中外讀者聚集在這裡，聆聽中國紅樓夢學會會長張慶善講解《紅樓夢》。2015年是曹雪芹誕辰300週年，這是人文社策劃的紅學系列活動。11月11日，是紅學出版座談會，李希凡、張慶善等中國國內享有盛譽的紅學家蹣跚爬上人文社4樓，為數十年的紅學研究做一個總結。當年的「小人物」李希凡也已經垂垂老矣，有50年沒有登上人文社這座樓，他自述感覺膝蓋部位有些吃力；11月21日，讀者與紅學家在小雨中同遊大觀園。

在2013年首次「朝內166文學公益講座」上，管士光強調：「人民文學出版社雖是一個出版機構，但同時也是文學機構。人文社決定面向公眾，開辦文學公益系列講座，邀請中國國內最好的專家，講解古今中外最好的作家和作品」。3年來，公益講座邀請了社科院文學研究所所長陸建德講費茲傑羅和《大亨小傳》、作家陳丹晨講巴金、茅盾文學獎得主周大新講述《曲終人在》等。

管士光向記者介紹：「我們舉辦純公益講座，每次都有百餘人參加，不僅不收費，而且還搞抽獎贈書。給聽眾發聽課證，留下聽眾聯絡訊息，人文社定期發

文化與創意

送講座訊息、新書訊息，廣泛傳播。人文社樓下就有書店，讀者會採購相關圖書，感興趣的讀者不斷增加。出版人也是文學工作者。我們希望將公益與營銷活動結合起來，找到目標讀者」。

作為一家出版機構，現在人文社一年出版上千種書，僅新書就有400～500種。該社成立60週年時編寫了總書目，共計13000多種，發行達8億多冊。目前的長銷品項有4000～5000種。管士光分析，雖然人們的閱讀口味日趨多元，但文學書總是人們最喜歡購買的書。甚至2015年「雙十一」圖書電商銷售排行榜，文學類仍然排名第一。

曾經有調查顯示，死活讀不下的書排行榜，《紅樓夢》排名第一，但人文社《紅樓夢》仍然銷售1000多萬套。其中，由馮其庸、李希凡領銜註釋的經典版本《紅樓夢》30多年來已經銷售460萬套，成為最暢銷的版本。在新時期，人文社面臨巨大的市場機遇。公版書是人文社的優勢資源，人文社的古典文學叢書起步最早，培養了幾代古典文學愛好者。在新時代，只有加緊營銷，才能找到新讀者。管士光重視紙媒也重視新媒體，他認為：「微信讀者是固定的，可以實現精準營銷」。在新媒體營銷方面，人文社的微信號多次位居出版社類微信號影響力排行榜第一位。

維護高雅品牌，發展新銳作家

版權是人文社一筆重要的資源。管士光認為，要充分利用既有資源，也要為後人留下新資源。有繼承也要有創新，新作品應該盡力打造為經典。人文社重印圖書占比達61%，經典圖書《圍城》至今每年銷售55萬冊。重印書成本低，製作相對簡單，有很大的優勢。《白鹿原》、《塵埃落定》這些新時代的作品為該社帶來豐厚收入，也成為經典之作。

管士光告訴我們，人民文學出版社有尊重作家的優良傳統。編輯和作者保持平等的友好關係，作者認準人文社的品牌；人文社尊重作家權益，版稅、印量嚴格按照有關規定，成功地出版並營銷他們的圖書，還積極幫助作家作品銷售到海外，這是作者最需要的。馮驥才這樣寫道：「我是人民文學出版社培養起來的作

者。我把人文社當作自己的母校。數年前，我是拿著一大包粗糙的、不像樣的稿子走進朝內大街166號的。那時，我連修改稿子的符號和規範都不知道，是老作家和編輯們一點點教會我的。他們把心血灌在我筆管的膠囊內，讓我從社裡走出來時，手裡拿著幾本散著紙和油墨芳香的書」。

管士光舉了知名作家賈平凹的例子。賈平凹的作品《古爐》、《帶燈》和《老生》都是人文社出版的，編輯和他不僅是工作關係，更是朋友。2013年《帶燈》剛出版之時，《老生》也已完稿。但人文社的編輯告訴賈平凹，不必著急發表。因為《帶燈》剛發行，要給讀者留一點時間，也為圖書宣傳營銷留一點空間，甚至將來《老生》是否在人文社出版都是未知，但為了有更多讀者，這是最好的營銷策略。這完全是站在作者的立場考慮。一年以後，大多數讀者已經讀完了《帶燈》，《老生》才出版，果然取得了較好的銷售業績，也在作者心中留下了深刻的印象。

管士光很重視維護人文社重版書的資源，尊重做出貢獻的老作家、老編輯，每年都去馮其庸、楊絳等老作家家中拜訪，詢問他們的需求，挖掘新作品。2004年《楊絳文集》由人文社出版，後來又多次再版；2014年，楊絳新作《洗澡之後》出版後，人文社展開了豐富的營銷活動，形成了社會熱點話題。2015年，楊絳將她珍藏多年的《復堂師友手札菁華》交由人文社出版。

管士光認識到老牌出版社也面臨著危機，出版社品牌固然重要，但作者也會選擇其他出版機構。管士光將編輯分為兩種：一種是服務型的編輯，與作者是朋友，可以幫助作者解決孩子上學等生活瑣事；另一種是學術型編輯，可以從專家的角度，給作者提出修改意見，引導作者寫作。這兩種類型不能截然分開，要提倡全面發展。

60多年來，人文社形成了以「名家、名作、名譯、名著、名刊、名編」為支撐的著名文學圖書出版品牌。但管士光坦言，進入新時期以來，人文社一些老編輯過於執著的態度，錯過了一些優秀新興作家，比如余華、蘇童等。人文社曾經有機會出版金庸的作品，但在討論過程中，因有的學者認為這並非純文學而放棄。三聯書店出版了金庸的作品，也沒有給品牌造成影響，而且銷量很好。這說

明出版人要轉變觀念，兼容並蓄。

如今，「有限公司」4個字已經加在「人民文學出版社」後面了，在經營和文學形態變化的雙重壓力下，人文社也在醞釀轉型。管士光總結人文社的宗旨是：堅持以國家文化建設為己任的出版宗旨，堅持以主流文化為主導、兼容並蓄的文化態度，堅持精益求精、開拓創新的工作精神，堅持以高素質的人才隊伍作為事業之本，堅持走整體化經營、積極參與市場競爭的發展之路。最後一條就是在新時代的背景下產生的，改革開放初期出現了以編輯部為單位運作的「一條龍」模式，但人文社堅持整體運作，這有利於大部頭文集的出版。

現在，人文社抓住了畢飛宇、海岩、徐皓峰、安妮寶貝、七堇年等新銳作家。人文社為畢飛宇出版了文集；海岩的《河流如血》等通俗小說因為改編成電視劇，銷量很高；80後的成都作家七堇年也成為人文社的作者，並且現在已經成為成都作協的專業作家。人文社甚至改變傳統觀念，招募由網路作家轉型的純文學或接近純文學的作家。

另一個例子是2013年登上作家富豪榜第一名的江南，如今人文社出版的其奇幻作品《九州縹緲錄》，上市不到20天就已經銷售了6萬多套40多萬冊，其中精裝就有8000多套。編輯準備爭取這位作家，將其下一部新作留給人文社。這些新生代作家有了足夠的收入，也渴望找到可以承認其文學地位的權威出版機構，得到主流文學界認可。

管士光準備邀請專家學者為江南召開討論會，讓這樣的新生力量進入文學殿堂。他回顧了1979年的一件往事，老社長嚴文井組織全國部分中長篇小說作者開座談會，討論馮驥才等人有爭議的作品。這些作品得到茅盾的肯定，出版後果然引發了轟動，促進了全國文藝界思想的解放。尊重新生力量，是人文社的傳統。

但是人文社也有一些堅守。比如草根紅學家的著作，以杜撰臆測代替學術考據，人文社是不會出版的。管士光認為，紅學是科學，要有根有據。雖然這些書銷量非常高，有些編輯認為出版平台應該容納這樣的作品，但管士光有他的堅持。

在外國文學方面,「哈利波特」系列是人文社打造的超級暢銷書,也是近年來人文社銷售最好的外國文學作品,全球各種版本已經銷售了5億冊,中文版銷售達到了700萬～800萬冊。可是這部暢銷書在中國的出版曾險些夭折。

1990年代末,「哈利波特」系列在國外熱銷時,正值中國打擊邪教的時期。這套以魔法為主題的小說,能否引進中國,引發了爭議。人文社專門為此召開了座談會,從文學角度正本清源。專家指出,吸血鬼等元素是西方常見的文學元素,與邪教無關。該社在翻譯的時候做了處理,將魔法術語的翻譯與邪教用詞分開,打造了這一超級暢銷書,又沒有造成負面影響,這體現了兼容並蓄的文化態度。

「哈利波特」系列的作者——英國女作家J.K.羅琳一直與人文社合作,她日前更換了版權代理公司,經營思路發生變化,而且中文版版權合約陸續到期。為此,管士光帶著責編、翻譯、副總編等一行4人,專程趕往英國,商討如何配合J.K.羅琳的思路繼續開發,以誠意獲得了後續圖書的出版權,並且為「哈利波特」續上了合約。

新的版權代理公司對封面裝幀要求非常高。2015年人文社出版了新版全彩繪本《哈利波特與魔法石》,是J.K.羅琳認可的一位插畫家的手筆,現在已經銷售了5萬冊。全彩繪本也將保持一年出版一部的速度。J.K.羅琳後來的三部作品《臨時空缺》、《抽絲剝繭》、《杜鵑的呼喚》也交給人文社出版。人文社經常為中國的「哈迷」舉辦創新營銷活動,2015年12月,「哈利波特」系列電影道具展在上海開幕,這是人文社和主辦方聯合舉辦的中國哈迷的免費專場活動。

收購九久讀書人,建立天天社

管士光坦言,人文社的傳統中也有缺點。要發揚優點,剔除缺點。比如具有文人的清高與傲氣、國有企業的官僚氣,不願意積極投入市場競爭,不適應現在的條件等。特別是1990年代初期,人文社跟不上出版市場的整體趨勢。在外國文學方面,很多出版社已經搶奪版本資源和譯者資源。人文社有種「老大」意識,不積極參與競爭,結果大量資源被其他出版社占有了。

文化與創意

今年6月分，人文社在中國出版集團的支持下，斥資5000多萬元，收購了上海九久讀書人文化實業有限公司，這家業績優良的民營公司從此成為人文社在上海的子公司。管士光分析，進入21世紀以來，人文社在外國文學出版方面是弱項，尤其是新作出版方面，而這正是九久讀書人的長項。九久讀書人的童書做得風生水起，這也是未來出版業發展的重頭戲，可以豐富事業版圖，彌補人文社的不足。

九久讀書人作為民營企業，有經營體制上的優勢。人文社在尊重他們的前提下，發揚其優勢，保持其運轉方式。作為國有出版機構，購買外國暢銷書版權成本太高，不敢下手。九久讀書人在海外派遣書探，緊盯英美新書，這種創新的圖書策劃方式值得人文社吸取。地方出版機構有政策壁壘保護，而上海是文化、出版的重鎮，人文社早就想在上海開闢橋頭堡。收購九久讀書人，對雙方都是最佳選擇。

目前，人文社對九久讀書人控股51％，股東還有余秋雨、對外文化集團、新華書店總店等。掌控方式主要是定指標和考核。人文社主要監控管理其財務、選題和圖書質量。選題上與人文社既有圖書不應有衝突。財務上既要尊重公司法，也要重視管理，讓國有資產保值增值。九久讀書人董事長黃育海聘請了五六位上海資深編審，為產品把關。人文社與九久讀書人合力打造的丹‧布朗系列，是繼「哈利波特」系列之後，外國文學方面又一套超級暢銷書。

對於人文社的具體操作層面，管士光將其歸結為：「挺拔主業，豐富品種，調整結構」。主業即文學要突出，但要有各種品種，吸納和文學相關相近的類別。文化編輯室、教材出版中心、少兒讀物編輯室都是根據這個原則建立起來的，讀者面越來越廣。

天天出版社是又一例證。天天出版社是人文社新成立的副牌。人文社一直有少兒讀物編輯室，負責「哈利波特」系列等童書的編輯。後來少兒讀物成為出版業新的經濟增長點，一個編輯室力不從心。並且發行時，童書與文學書放在一起，不容易突出。因此，2009年天天出版社成立。現在天天社有40～50人，機構完備，是人文社的全資子公司。

如今人文社的大樓已經成為危樓，經過專門檢測機構的鑑定，此樓的基礎結構已經斷裂，樓面隨處可見雨水滲漏的痕跡，屋頂多處殘損。拆除重建項目從2011年開始啟動，但至今尚未大規模動遷。儘管如此，這樣繁榮的地段，這樣優渥的環境，這樣悠久的歷史，依舊是令人稱羨的，這也是人文社深厚的文學傳統的象徵和縮影。新樓重建的計劃關係到人义社這座經典文學殿堂未來的命運，我們期待這座殿堂在新時代涅槃重生。

文化與創意

眾生・夢

黃怒波和他的那些村落

文／沈威風

曾經在村民眼中破敗的老房子，現在村民自己也知道這是無價之寶，是自己賴以生存甚至發家致富的寶貝，因此不需要再給村民做工作。反而村民覺得政府在這方面的力度還不夠大了。

2010年5月5日，到達海拔5200公尺的營地已經快一個月了，黃怒波還在珠峰大本營裡待著，他在等待登珠峰的時機。幾天前萬科董事長王石在他的部落格中寫道：「今天汪建、W、洪海、鐘霖和中坤怒波的登山隊員一起午餐，很有意思的是如果這次隊員全部登頂成功，就有3個紀錄誕生。原來中國登頂珠峰最大年紀的紀錄是W保持的52歲，這次成功就是怒波54歲、汪建56歲及W60歲」。

整個中坤集團沒有人知道黃怒波究竟會在什麼時候回來，他們預計是5月底或者6月初，但是這要視登頂的情況而定，「既然去了，目標肯定是要成功登頂的」。

黃怒波愛上登山的時間並不太長，據說開始於2005年。當年他在登山愛好者——今典投資的王秋楊的帶領下，登上了非洲的吉力馬扎羅山。那一次登山非常順利，讓黃怒波產生了「登山不過如此」的心態。回來之後，他很快便嘗試去新疆登山——可是，這一次他沒有能夠登頂。

這次失敗讓黃怒波意識到，輕視導致了這一次失敗。從那時候開始，他一週會花3個下午在俱樂部進行強化訓練，每個週末在順義的基地進行魔鬼式的訓練。直至今天，他終於有能力去挑戰地球的最高峰。

文化與創意

黃怒波說，登山是對一個人意志、勇氣和體力的極限挑戰，它能夠讓人重新思考生命。

5月5日下午3點，北京經過前日的一場大雨和刮了一天的大風，整個城市洗練一新，湛藍的天上白雲舒捲，這個龐大晦澀的城市也終於顯露出一點清新的氣象。中坤集團總裁焦青在進門前的一分鐘剛剛結束他和黃怒波的通話，通話的內容是關於北京門頭溝爨底下項目的一些想法。而這是這一天他們兩人之間的第十七次通話，遠在珠峰大本營的黃怒波一有什麼想法，立刻透過衛星電話打給焦青。焦青則把每一個想法都如實地記錄在小紙條上，擺滿了一桌子。

對於黃怒波登山這件事，焦青的理解是：「董事長去世界各地登山，一方面是在為我們的旅遊地產打前站，另一方面也是在激勵我們。珠峰上多麼艱難的生存條件，登頂要受多大的苦啊，他都能夠承受，我們在做企業的過程中遇到的那一點點困難，又算得了什麼呢？」

一

黃怒波是個富豪，2009年《富比士》富豪榜統計其財富為67億元。他旗下的中坤集團主營業務是地產開發，包括住宅地產、商業地產和旅遊地產。可是和中國現在大部分的「富一代」一樣，黃怒波有著異常曲折的人生經歷，吃苦耐勞對於他們來說，不是人生意外的磨難，而是與生俱來的最初體驗。

他1956年出生在西北的蘭州，1960年父親被打成反革命並於同年自殺。在那個荒唐的年代，有這樣出身的孩子和家庭，勢必會經歷常人所難以想像的偏見和折磨。黃怒波的童年和少年時代，伴隨著兩個詞——饑餓和憤怒。他吃不飽飯，生活得異常艱難，而在社會充滿歧視、偏見的目光中，又忍不住一次次地爆發，試圖用拳頭來尋找自己的尊嚴。

這一段經歷，或許可以稱之為天將降大任於斯人之前的磨礪。因為到了1977年，命運突然拐了一個一百八十度的大彎，把黃怒波的生活帶上了截然不同的方向。那一年，一個從天上掉下來的機會，把黃怒波送進了北京大學的校

門。畢業之後他留在北京，在中宣部任職，29歲成了一個正處級幹部，前途一片光明。

1990年代中期，黃怒波在中國市長協會下面的城市出版社當負責人。出版社經營不太順利，建設部允許黃怒波成立一個諮詢公司，中坤公司由此成立。本來是個清水衙門，竟被黃怒波經營得風生水起。到1997年，中坤公司的狀況已經相當不錯，開始涉足房地產業和賓館酒店業務。

1997年9月，黃怒波在北京接待了一群遠道而來的朋友——來自安徽黟縣的縣長和陪同他到北京招商引資的幾個地方官員。說是朋友，其實他們之前並沒有見過面，只是他們有一個共同的熟人。1980年代中期，黃怒波還在中宣部的時候，曾經作為中宣部講師團的一名成員，在安徽黃山地區當過一年的老師。當地的歙縣出產歙硯，文化人黃怒波在歙硯廠買硯台的時候，認識了一個名叫楊震的人。正是楊震，在十幾年之後，介紹黟縣新上任的縣長到北京去找中坤公司的黃怒波。

縣長向黃怒波介紹了當地的旅遊資源，說當地有一個叫「宏村」的村子，是保存相對完好的古村落，很多建築學的專家學者去過之後，都認為是非常好的資源。縣長還說，宏村附近有一個類似的村子叫「西遞」，村民早些年自己動腦子開發旅遊，在香菸殼的背面印上字畫，當門票賣，2毛錢一張，也能賺不少錢。宏村的村民也試著自己做，現在門票賣到了2塊錢一張，一年光門票收入就有17萬，但是還是覺得做得不好，他希望黃怒波能去宏村看看。

縣長的意思很明白，就是希望黃怒波能支持一下這個故地的建設。

黃怒波帶著他的團隊去了，結果黃怒波對宏村一見傾心，而他的團隊從上到下包括焦青在內，卻是看得內心一片冰涼。焦青還很清楚地記得他對宏村的第一印象，他沒有提到宏村的美，只記得那個村子很破敗，交通非常不便。「黟縣的黟字，很多人不會念，就說是黑多。我們去那裡看的時候，真的是黑多呀，晚上七八點鐘，天黑了，公路上沒有路燈，汽車站裡沒有燈光，村子裡也沒幾盞燈亮著，我們就傻眼了，在這樣的地方投資幾百萬？」

縣長對黃怒波說，投資能有200萬就足夠了。這個數字在現在看起來不多，

文化與創意

對於地產商來說也是小數目，但是對於1997年的旅遊公司來說，卻是個大數字。即便是離黟縣咫尺之遙的黃山旅遊，如今的上市公司，當時也不見得能拿出這筆錢來。更何況，當時中坤的實力也並不雄厚。1995年，中坤和北京印刷三廠合作改造了一個辦公樓，掙得第一桶金。隨後，用僅有的幾十萬元家底，在宜昌開發住宅社區。這個項目沒有賺到什麼錢，卻形成穩定的現金流，隨後中坤在山西開發了兩三家三星級賓館，並掘到第二桶金300萬。

但是黃怒波想做的事情，沒有人能阻止他，甚至他不需要去說服那些反對的人們。他固執地要投資，並利用焦青他們對這個項目極度不看好的心態，讓他們在談判的過程中儘量去壓價。最終他們與縣政府達成協議，不論經營效果如何，中坤每年都會保底付給宏村17萬元（當年宏村一年的門票收入），另外將總收入的5%交給縣政府和村裡進行分配。

這在當時是一個雙方都還算滿意的結果，只不過隨著時間的推移，17萬的保底數字已經變得無足輕重，而中坤每年分給縣政府和村裡的分成比例已經逐漸提高到了33%。時至今日，當宏村的門票收入已經達到一年6000萬左右的時候，當時的老縣長終於向焦青承認，當年他壯著膽子報了一個大數——1997年宏村的門票收入根本沒有達到17萬，滿打滿算，最多只有10萬元。

二

黟縣四面環山，從黃山市到黟縣，一路多是丘陵。穿過一個幾十公尺的「桃源洞」，豁然開朗，一面是裸露著黑色岩石、桃花漫山遍野的山嶺，一面是流水湍急、落英繽紛的小溪。被山嶺所環繞的，是一個平原，平原上雞鳴犬吠，炊煙四起——這情形，和陶淵明筆下的世外桃源並無二致。有趣的是，黟縣真的有一個村子叫「陶村」，村裡人都姓陶，拿出族譜來一看，正是陶淵明的後代。

無論真假，這裡也的確稱得上是一個世外桃源。這裡原屬徽州地區，在農業社會，這樣遠離戰亂、農田豐美的地方，最是盛產文人富戶。因此在明清兩代，徽州地區極為富庶，這裡不僅出大官、出富商，還出文人。在朝為官的官員們告老還鄉，在外經商的徽商們衣錦還鄉之時，總要在家鄉修繕一座大屋，供養父

母，體恤妻兒。因此這一帶，明清古建築極其豐富。

更重要的是，在改革開放的浪潮中，這個交通閉塞、風氣相對比較保守的地區卻沒有趕上城市化發展的浪潮，而變得極其貧困——因為貧困，居民沒有錢建新房，明清的古典建築因此得以保存。

宏村的建築是典型的徽派建築，白牆黑瓦，還有高高聳立的馬頭牆。與眾不同的是，宋紹興年間，古宏村人為防火灌田，獨運匠心開仿生學之先河，建造出堪稱「中國一絕」的牛狀人工水系：穿村而過的九曲十彎的水圳是「牛腸」，傍泉挖掘的「月沼」是「牛胃」，「南湖」是「牛肚」，「牛腸」兩旁民居為「牛身」。

全村保存完好的明清民居140餘幢，每一座宅院，都還能看到保存完好的精美木雕、磚雕和石雕。村中的大宅院「承志堂」更是富麗堂皇。這一切，如今已經成為中華文化的一個代表和瑰寶。只是在1997年黃怒波接手的時候，宏村的建築有些已經因為年久失修而倒塌，有些在村民日復一日的生活中被豬圈給侵蝕了，還有些木雕、磚雕，則被撬下來低價賣掉了。

西遞村的情況要好一些。那個村的地理位置比宏村更好，因為它離黃山比較近，只有40公里的距離，從黃山到黟縣，要先經過西遞村。西遞村的規模比較大，東西長700公尺，南北寬300公尺，居民300餘戶，人口1000多。這裡保留有數百幢明清古民居，建築和路面都用大理石鋪砌，兩條清泉穿村而過，99條高牆深巷使遊客如置身迷宮。村口聳立的明萬曆年間建造的胡文光刺史牌坊更是成了安徽省的標識性建築。

西遞村和宏村兩個相距並不遠的村莊，在旅遊收益上相差甚遠，宏村的村民在心態上，多少有一點著急。

縣政府將宏村旅遊的30年經營權轉讓給中坤公司之後，宏村村民有的不理解，有的在觀望，有的人則比較激烈地採取了抵抗的態度。

黃怒波做的第一件事，花的第一筆錢，是找清華大學陳秋華教授合作做出宏村古村落的保護規劃。這一步在事後證明是事關重大的，因為如果中坤當時按照

文化與創意

一般人的想法，對宏村做出的是開發規劃的話，之後的故事大概就要變樣了。1998年，在一些專家的建議下，縣政府決定將西遞、宏村兩個村子合併申報聯合國非物質文化遺產。那一年的競爭非常激烈，其中一個競爭對手就是在當時已經聞名遐邇的周莊。

黟縣很窮，為了非遺申請所能投入的資金有限。當時的縣旅遊局的工作人員還記得當時寄上去的材料，只是普通的油墨印刷的小冊子，根本沒有任何包裝，所以在第一輪就被刷了下去。而當時周莊認為自己拿到這個非遺的牌子已經是板上釘釘的事情了。然而一切又有了陰差陽錯的進展，因為在黃山地區開的一個會議，順便到宏村參觀的專家把本來已經被淘汰的西遞、宏村又給撈回了競爭隊伍。黃怒波也從不諱言他在建設部工作期間積累下來的人脈，在那個時候發揮了極其重要的作用。

最後，則是老天幫忙。在南湖倒映下的宏村，最美的時候就是天上飄起小雨，水面煙霧瀰漫之時。此時宏村就會美得像一幅水墨畫。聯合國的專家到來的那一天，正是一個這樣煙雨濛濛的天氣。後來擔任中坤地產黃山京黟旅遊開發有限公司總經理的姚勇還記得，日本專家走到村口，一下子站住了，然後就坐在湖邊的石階上，看著對岸發呆。所有人都不知所措的時候，日本專家的助手笑著說：「恭喜你們。我們的專家已經開始享受眼前的美景了」。

拿到這個稱號，對於當地的旅遊來說，意義非凡。黃怒波自然也是得意萬分，他常常說：「宏村是我一手做的世界文化遺產」。

然而對於村民來說，世界文化遺產的效益可能沒那麼容易看到，他們反而記得，中坤公司剛剛進入時的一些承諾，沒有兌現。當然，對於中坤而言，對古村落進行旅遊開發，也是一個嶄新的項目，他們並沒有經驗。加上申請世界文化遺產成功之後，一些事先設計好的開發性設施，就不能做了。

「剛到宏村的時候，一開始不但沒賺著錢，還虧了一小筆。剛剛修好了一個停車場，因為要申請世界文化遺產，停車場和售票處的建築風格不匹配，只能立即拆掉。這也給了我們一個教訓，後來做的停車場和服務設施，我們就很注意，修得和舊的一模一樣了。但是的確，一開始對村民做的一些承諾，要做的一些事

情,我們做不到了。村民們不理解,反對的情緒就比較激烈。那時候有人在村里拉橫幅,要北京人滾出去,還有人潑大糞。甚至過了幾年之後,有人覺得中坤的做法他們也學會了,不如把中坤趕出去,再重新自己做。那段時間真的是很艱難」。姚勇說。

姚勇是當地歙縣人,他曾經是歙縣旅遊局副局長,在開發歙縣牌坊群旅遊項目上做出過很大的貢獻,對當地的旅遊資源和人文民俗有著很深的瞭解。黃怒波在接手宏村項目之後,第一時間將他挖到了中坤集團。

這樣的當地人,剛開始幾年走在宏村的村子裡,心裡都是戰戰兢兢的。黃潔是中坤公司在當地招的第一批導遊之一。她說她喜歡旅遊,喜歡做導遊。她的同事說她就是愛說話,喜歡跟人溝通,性格十分開朗。2001年江澤民在宏村參觀的時候,就是她做的解說。可是在剛開始的幾年,她也承受著村民們鄙視、充滿敵意的眼光。「在他們的眼裡,我們就像叛徒一樣」。

事情的轉機發生在2003年。SARS肆虐的時候,旅遊業一片慘淡,宏村沒有一個人來參觀。「但是我們還在四處去做推薦,去營銷。結果SARS一過去,宏村的旅遊一下子有了爆炸式的增長。那一次,村民被我們感動了,他們終於知道,我們會做他們不敢做的事,他們不能做的事」。

三

宏村終於認可了中坤,現在黃潔再帶著人到宏村去,一路上的村民都親親熱熱地跟她打招呼。而她的客人要買旅遊紀念品,店家總會看在她的面子上,額外打一個折扣。

宏村的村長是個女村長,姓汪,事實上這個村子原本只有一個姓,就是汪姓。她已經當了20多年的村長,她說在做旅遊之前,村子裡窮得很,大家就是種一點茶葉和桑樹,養蠶為生,一年的人均收入只有幾百塊。而現在,村裡85%的人都做起了跟旅遊有關的生意,做得大的,就開客棧、飯館、農家樂;有手藝的就賣旅遊紀念品和地方特色小吃;實在沒有生意能力的,把房子出租給

文化與創意

外面來的人做生意，光靠收租金，日子也能過得不錯。

「桑樹都差不多砍光了，退耕還林了。我在2005年的時候也還養蠶，現在也不養了」。汪村長說，在感謝完中坤之後，她又猶豫著說：「要說有什麼不夠的地方，就是覺得在民居的保護上做得還不夠。這些房子都很老了，再不花錢去修，萬一哪天倒了，那就拿錢都買不回來了呀」。

曾經在村民眼中破敗的老房子，現在村民自己也知道這是無價之寶，是自己賴以生存甚至發家致富的寶貝，因此不需要再給村民做工作。反而村民覺得政府在這方面的力度還不夠大了。姚勇私下裡感嘆：「當年這樣的宅子，八萬八就能買一座，我是真想買啊，結果黃總不讓。村民想賣極了，黃總卻說，你買下來，過幾年人家罵死你，不能與民爭利，我們不能搶了他們的資源。所以我一狠心，還價說8萬，對方就不賣了。現在就算是出800萬，我看他們也不會賣了」。

所以中坤在宏村的盈利模式簡單到令人驚訝，總結起來就是3個字——「收門票」。村裡所有的商業設施，都是村民自己的。他們現在依然在村裡生活，面對絡繹不絕的遊客，他們早已經習慣了被矚目和被拍照的生活，該吃飯吃飯，該幹活幹活。家裡來了客人，主客二位在正堂的八仙桌兩旁喝茶聊天，一群遊客走進來，導遊解說著木雕上那些精美圖案的美好寓意，遊客們好奇地東張西望，看到兩個坐著的人聊天，還會舉起相機拍下來。甚至有人走到桌子跟前，面對相機擺pose，硬生生將主人拍成了背景的一部分。

當然，村民的生活還是有了變化。他們說，原來幹農活的時候，晚上沒事，男人免不了出去打兩把牌，回來跟媳婦置氣吵一架，都是難免的事。現在生意太忙，白天忙著賣東西，晚上忙著做東西，做燒包做工藝品，「哪有時間打牌吵架呀」。

宏村已經成了黟縣最富裕的一個村，人均年收入達到了7000多元，據說這還是一個保守的數字，縣人均年收入只有5000多元。當然，黟縣現在是旅遊強縣，在宏村和西遞旅遊的帶動下，旅遊和相關產業已經占到了當地GDP的50%以上。可是，不論從哪個角度看，黟縣仍然算不上富裕。縣城很小，縣城區人口只有1萬多，整個縣也只有不到10萬人，GDP不到20億，大部分靠旅遊拉動。一到

晚上，縣城遠比不上宏村熱鬧。

宏村因為是保護措施的限制，不能進行過度的商業開發，這反而帶旺了與宏村一河相隔的際村。一到晚上，幾千名住在宏村和附近幾個村落寫生的藝術學院的學生們就湧到際村的夜市去吃燒烤。馬路兩旁密密麻麻延綿幾百公尺全是燒烤攤子，中間夾雜了幾個賣小吃、賣紀念品的小攤。十八九歲的學生們在暮春還有些微涼的夜色中，穿著五顏六色的裙子，裸露著小腿，成群結隊地走過，肆無忌憚地跟攤主砍價。

「10塊錢一個？不要嚇我，兩塊錢還差不多」。

生意做不成沒關係，賣的人和買的人都不會生氣。縣城裡的年輕人耐不住寂寞，跑到村子裡來看美女，不用三句話，兩桌就能拼成一桌，一瓶啤酒喝下去，就成了莫逆之交。宏村反而成了黟縣的中心。

拐過一個彎，歡聲笑語和劣質卡拉OK的聲音被阻隔在外面，水墨宏村售樓處的牌子高高地立著。這是一個針對當地村民開發的樓盤，與中坤毫無關係，是一個外地來的小開發商做的住宅和商業項目。帶著典型徽派風格的建築，據說賣得不便宜，至少不比縣城裡的便宜，住宅2000多元／m²，商舖5000多元／m²——誰讓宏村的村民有錢了呢？

四

因為旅遊開發而給整個縣帶來如此巨大的變化，當日進京招商引資的老縣長肯定沒有想到。現在的黟縣想必是打算一直在開發旅遊產業的道路上走下去了，因為在中國，幾乎找不到第二個縣，能把整個縣的風貌保持得如此統一——清一色的徽派建築，不論是新開發的樓盤，還是政府大樓、法院、公安局、國家電網，或者是馬路邊的民居，無一例外都有著高高的馬頭牆和白牆黑瓦的清淡雅緻的風格，在南方蔥綠如煙的山水間，看起來特別賞心悅目。

而黃怒波也不會想到，中坤在黟縣這個小縣城，會把根扎得這麼深，把網撒得這麼大。

文化與創意

除了宏村之外，中坤還拿到了南屏和關麓兩個村的旅遊經營權。南屏村還有個說法是「中國影視基地」，村子裡除了古民居之外，更有兩個宏偉、保存完好的祠堂：葉氏宗祠是當年張藝謀拍攝《菊豆》時候的取景地，如今祠堂的門上還掛著「老楊家染坊」的牌匾，天井裡還高高地挑著幾匹已經褪色的布；一牆之隔的葉氏支祠則是李安拍攝《臥虎藏龍》的取景地，在這個長滿青苔的天井裡，兩大巨星楊紫瓊和章子怡曾經上演過一場精彩絕倫的對戰。

作為這兩部在華語電影史都占據重要地位的電影的取景地，南屏村已然有它不可忽視的旅遊價值。村民們還記得那一年，在拍攝《菊豆》的時候，鞏俐穿著一條肥大的棉褲，籠著手站在學校的操場上看孩子們打籃球。他們也還記得拍《臥虎藏龍》的時候，看見周潤發就有些激動，卻沒有人搭理章子怡，因為沒人知道她是誰。後來很多電影在村子裡拍攝，見慣了大明星的村民已經非常淡定了。

關麓村的規模是三個村子中最小的，也是最奇特的。這個村子裡有所宅子叫「八大戶」，其實是八兄弟蓋的八所宅子，為了方便走動，宅子之間都是相連的，因此形成了極其獨特的格局。

南屏和關麓的開發還沒有宏村那麼成熟，看起來更加原始和原生態。

姚勇說不著急，他還沒想好怎麼開發，但是一定不會按照宏村的模式來做。「當地的古村落不少，都按照同樣的模式開發，同質性太嚴重，不是好事」。在他的設想裡，可以把南屏開發成一個夜遊項目，因為南屏村的巷子更加狹小和錯綜複雜，本來就有「迷宮」的說法。至於關麓，因為規模小，人口不多，他在想是不是可以將民居買下來，把村民遷出去，打造成一個高級的接待會所？

甚至，他還看到了黟縣縣城在當地人生活中有點被邊緣化的問題。事實上縣城的古建築也保存得相當完好，是不是可以把其中的一條街打造成古街風貌的商業街，就像上海的新天地一樣，做一個叫「黟縣天」的項目？

這些還都是他的設想，已經成為現實的是一個比這些項目大得多的項目。中坤在宏村附近的奇墅湖旁徵了60多萬平方公尺灘地，租下200多萬平方公尺山林，投資10億元，建設了一個五星級酒店和一批渡假別墅。另外投資1億元，重

建了唐代古剎梓路寺，並在寺院不遠處修建了一處墓葬陵園。

酒店定於2010年6月26日開業，那一天也是梓路寺開光大典的時間。3月分梓路寺舉行了燒香儀式，黃怒波親手點燃了三炷香。據說燒香儀式並沒有做宣傳，因此中坤預計會有200人參加，結果竟然去了2萬多人——這讓他們對這個酒店項目產生極大信心。每年到宏村旅遊的有幾十萬人，總會產生不同檔次的需求，黃怒波把原生態的農家樂留給了村民，卻在細分市場的方向上，為自己尋找新的盈利增長點。

黃山宏村只是中坤旅遊地產的第一個項目，經營10多年後中坤還在不斷尋找新的開發模式。而黃怒波在旅遊地產的事業版圖上踏出去的這一隻腳，卻越伸越長。

2003年，黃怒波開始對南疆克孜勒蘇柯爾克孜自治州高台民居進行旅遊開發。到現在，南疆景區旅遊事業藍圖已然底定，這是一個囊括新疆南疆五地州，總面積超過120萬平方千公尺的龐大景區群。

除此之外，還有北京門頭溝區齋堂鎮和清水鎮兩鎮下轄近20個擁有400年歷史的古村落的開發權，湖南嶽陽的古村落項目和安徽桐城的古商業街改造項目。

焦青說，宏村項目成功以後，每年上門來希望中坤去當地做旅遊地產的城市絡繹不絕。只是每一處的情況不同，特點不同，不可能將宏村的成功經驗簡單複製到各地去，因此中坤對項目的選擇，還是相對謹慎的。

從1998年開始涉足旅遊地產，後來這一塊業務被黃怒波提升為渡假地產，中坤可謂是趕上了歷史上最好的一個時機。這十幾年來，中國旅遊渡假產業的發展是爆炸性的增長，可以說中國任何一個景點在過去十年中接待的遊客量，可能比歷史上所有時期都要多。旅遊地產隨之水漲船高，也是很自然的一個結果。

可是，從1998年開始，恰恰也是中國房地產行業進入高速發展的時期，這個行業從成形到成為國家的支柱產業，發展速度之快令人瞠目結舌。黃怒波經常要面對的一個問題就是，「如果你把用在旅遊開發上的精力都用在拿地上，那該能賺多少錢？」宏村一年的門票收入有幾千萬，這個數字在旅遊上看起來不少，

文化與創意

對於房地產行業來說，卻少得不值一提。

只是，黃怒波有他自己的打算。連焦青都說，宏村項目剛啟動的時候，大家都看不懂，實在看不出能掙錢的地方。後來想想，大概是自己的文化底蘊沒跟上，所以站不高，看不遠。

在解讀黃怒波的生意經的時候，永遠不能忘記的一點是，黃怒波是一個詩人，還是一個很不錯的詩人，他以駱英這個筆名，出版過好幾本詩集。在當下，詩人幾乎絕跡，僅存的幾個頂著近乎罵名的「詩人」名號生存，更難得有能在富比士排行榜上占據一席之地的地產商同時還能成為詩人者。

能寫詩的人，往往特別敏感，能體會常人所不能體會之處，也會有常人所不能理解之舉動。黃怒波說，宏村不是會下金蛋的母雞，只是一頭能擠奶的奶牛，而等待這頭奶牛進入盛產期，他足足耐了5年的寂寞——或許在那5年裡，能讓他聊以自慰的就是「中坤擁有一個世界文化遺產，世界上還有哪個公司能辦到」？

如今中坤的旅遊渡假事業已經成形，中國的5個項目加上日本北海道的渡假村項目以及美國洛杉磯的Shoppingmall和牧場，至少在這一塊業務上，黃怒波擁有了他自己的世界版圖。土地是不可再生的資源，在「招拍掛」和地方生產總值的推動下，房價成為最熱門的話題，地產商成為最不光彩的商人群像。

黃怒波是商人，他不會放棄能下金蛋的母雞，所以住宅項目和商業地產項目還在做，甚至焦青還會把北京大鐘寺中坤廣場項目和大興商業項目並稱為最重要的項目，「只要把這兩個項目做好了，就什麼都不怕了」。

黃怒波同時也是詩人，他搶占著更為稀缺的古文化、古村落資源，甚至不惜用地產項目賺到的錢來補貼旅遊事業。在他的眼裡，這一部分才是長線的投資，能帶來更持續穩健和健康的發展，不會留下醜陋的建築物，卻能弘揚和回歸中國古代「天人合一」的生活方式——用現在流行的話說，是低碳和環保的生活方式。

探祕真愛夢想基金會：極客公益煉成記

文／小刀崔

中國教育的鴻溝就是，城鄉教育的差距大，中心城市與邊遠城市不匹配，民工子弟與中產階層孩子的教育環境更是迥異。

我的哭點很高，但看到臺灣大眾銀行拍攝的微電影《人為什麼活著？》，瞬間哭了。這是我在真愛夢想公益基金會的官方微博上看到的一個影片。我的笑點很低，一位夢想老師告訴我一個段子：話說，小明告訴爸爸，這世界上有三種鳥，一種是飛得很高的鳥，一種是懶惰的鳥，還有一種鳥，下一個蛋，一輩子就巴望著下一代的鳥會飛。小明的爸爸以為兒子嘲笑老子，就搧了孩子一巴掌。這個段子，我笑不出來。

在採訪真愛夢想基金會的過程中，我一再問自己，你是哪一種鳥？

潘江雪女士是金融圈的資深人士，曾是招商證券（香港）的董事，後到匯豐晉信基金管理公司加入管理層。2005年，為給年輕的父母做生命週期的投資教育，這家公司投資建立了一家教育網站。彼時，潘江雪才初步地瞭解了中國城市教育的現狀，許多焦慮的父母們沿襲著傳統的教育模式，卻又希望自己的孩子適應現代潮流。一方面推崇精英教育，希望孩子快樂成長；另一方面在面對擇校、應試的現實壓力時，卻又茫然、無所適從。

2002年始，潘江雪隨噶瑪仁波切進入藏區，過濾掉喧囂的都市浮華，來到一個有酥油茶和雪蓮花的地方。在四川阿壩州馬爾康縣，她找到一種與都市完全不同的生活狀態，你可以凝望著一朵花微笑，躺在漫山遍野的油菜花叢中遐思。但這裡的貧困同樣觸目驚心：一些藏民的家庭，只有一室一灶一床，孩子五六歲，就去山上挖蟲草。這裡有自然的大美，但沒有多彩的夢想，缺乏素質教育，沒有人生的選擇，在層巒疊嶂的環繞下，藏民的孩子輪流搭乘著一輛叫「輪迴」的生命列車，重複著父輩的足跡。

2007年夏天，潘江雪隨上師幾乎走訪了馬爾康縣所有的學校，當她問老

文化與創意

師：孩子最感興趣的地方是哪？

老師囁嚅：大概是圖書館吧。

圖書館是上鎖的，等了許久，催了幾次，才找到開鎖的人。圖書館塵封已久，看得出庫存的書幾乎沒有人借閱。領袖文集、康熙大字典和一些線狀書夾雜其中。在昏暗的圖書室裡，老師悲戚地說：「這裡的孩子走不出大山」。

怎麼走不出大山？孩子是鳥，不是植物，不是小樹，決定命運的不是生在哪裡、長在哪裡，要緊的是，有沒有一雙矯健的翅膀可以飛得高、飛得遠。知識與互聯網就是孩子們的翅膀。馬爾康在藏語中有點燃火種的寓意。在馬爾康縣，潘江雪從雪山高原上撿到一粒有關教育的飽滿種子。

於是就在2007年，潘江雪與吳沖辭職，找到幾位金融機構的好友共同出資，先在香港註冊名為真愛夢想中國教育基金會的慈善團體，次年在上海註冊真愛夢想公益基金會。潘江雪說：「當時很多人都不理解，為什麼我要放棄金飯碗，捧起土缽開始化緣？」所幸的是，幾位發起人都是大咖，有資本市場的Top Sales劉蔓、以經濟學家著稱的企業家王吉緋，還有作為獨立理事身分的律師史俊明。在這些發起人的支持下，她和吳沖得以全身心地投入到慈善公益領域，換一種活法，重新審視過去被遺忘的角落和被忽略的人群。

第一粒種子落在馬爾康縣。真愛夢想基金會的切入點非常聰明，在九年義務教育的體制框架下，為孩子開拓一片自留地，改造學校的圖書館，使其成為多媒體網路教室。他們邀請來國家一級建築師吳宏宇，這位北師大的總工程師、主持過上海東方商廈與飛利浦辦公大廈的名匠，牛刀小試，精心設計了第一家70平方公尺的夢想中心。

第一家夢想中心有別於一般教室，中心顏色以藏區孩子喜歡的藏紅和淡黃為主，木質的書架和地板，溫暖舒適；老師的講台不是在夢想中心的正前面，而是在課堂的對角線上；多媒體活動區是孩子表演和互動的地方，類似學生的伸展台；課桌不是成行排列，而是分組團坐。而傳統的教室延續的是中國宮殿式的建築風格，顯示老師與學生的森嚴等級，也有私塾課堂的莊重與嚴謹。這樣的教室照顧了教育的面子，但損害了教育的裡子。

我初次與潘江雪交流，是在長江商學院的下課空檔。我向她訴說了一個多年的心底困惑：我從小在山東的農村長大，高中階段才來到城市。即使現在身在都市，對城市始終有一種隔膜，對故鄉始終有一種眷戀。我為骨子裡的尋根情結所纏繞，而潘江雪不然，她在北京天安門邊上長大。1976年，中國換新顏，當時她還懵懂，舉個小笤帚一起隨大人參加慶賀。她認為「平等是我骨子裡的東西」，中國的發展應該與己有關，「過去我們的教育太注重田園文明，現在的教育應該以城市文明為主」。中國教育的鴻溝就是，城鄉教育的差距大，中心城市與邊遠城市不匹配，民工子弟與中產階層孩子的教育環境更是迥異。

平等是教育的原則，夢想中心的空間設計也遵循了這一點。如果說中國的基礎教育是一座金字塔的話，真愛夢想基金會沒有仰望金字塔尖，而是甘作塔底的一塊基石。潘江雪女士是現實的理想主義者，她視公益教育事業為一次熱戀：「不是每個人都有機會，在青春年少的時候，跟自己的國家談一場轟轟烈烈的戀愛。已經成年的我們，都知道即使受到很多約束，仍然可以挪動自己所在的支點，讓天平傾向最需要幫助的一方」。

甘肅會寧是西北聞名的高考狀元縣。因為窮困，高考是唯一的出路。由於分數高、能力低，這些狀元們到了大學後，諸多不適應，畢業即失業。一個貧苦的家庭，全家舉債幫助孩子攻讀大學，末了，一張大學文憑別說反哺家庭，就連自立都做不到。寒門學子的路為什麼越來越窄？命門就是缺乏系統的素質教育。為此，真愛夢想基金會與會寧縣教育局聯手，開啟了企業捐贈、政府配資、真愛夢想基金會執行的全面覆蓋入駐的合作模式，彌補會寧縣素質教育的不足。

春節前後，我正在讀梁漱溟先生的鄉村建設文集，我想起1940年代平民教育家晏陽初提出的公民教育理念，喚醒、平等、改變、知行合一。難得的是，過了幾十載，這些關鍵詞再次走入中國的小學。

我做過多年記者，跑過許多地方，看到過鄉村基礎教育的薄弱，甚至是千瘡百孔。春節前，我回鄉村老家過年，看到我的小學母校已殘破，也許20多年未曾翻修過。只見高矮不平的桌凳與陳陋的黑板，教室後面懸有《小學生守則》，標有各種「不准」和「遵守」。中國鄉村基層教育之殤，是我們這個民族最薄弱

文化與創意

的一環。

　　我在我的母校佇立許久，感懷那些在偏遠地區受惠於真愛夢想基金會的孩子們，他們透過夢想中心，好奇心得以呵護而綻放自信。那一刻，我也明白了自己對於都市的不安從何而來？根源就是我的童年沒有接納過系統的品格能力教育。而我又是有福的，今天可以透過採訪，追溯成長，對照田園與城市之別，來完成一次心理上的修復。那麼其他孩子呢？

　　真愛夢想基金會的新任祕書長胡斌講述他的見聞：某次他參加夢想中心的啟動儀式，校長講話，反覆強調你們一定要好好學習，將來回報社會，回報真愛夢想基金會云云。胡斌老師反對這種說法，公益也是一種投資，是對社會的投資，但教育要求回報嗎？教育的目的，是讓每一個孩子學會獨立思考，認知美與人生。

　　基金會的工作人員經常遇到有人央求：我們這裡窮，多捐點錢吧。基金會做慈善的首要法則是，幫助那些向上、向善的人群。慈善不消費廉價的眼淚，不咀嚼悲情，公益教育也不是簡單地扶貧與幫扶，而是孕育希望，推動改變。潘江雪說得好：「我們不是給沒有床的孩子提供床鋪，而是為沒床和有床的孩子提供做夢的自由」。

　　有夢想是美好的，但一顆柔軟的公益之心，仍然需要強健的軀幹與四肢，才能行走在大地上。

　　夢想課程的首席顧問是華東師大的崔允漷教授，崔教授所率領的教學研究所有「中國基礎教育研究的國家隊」之稱。早在2008年4月，在去紐約的一艘渡輪上，潘江雪向偶遇的金融界朋友分享公益體會和為什麼選擇公益教育。她的熱情與博愛精神，感染了周圍的遊客，其中就有崔允漷教授。崔教授回國後，沒有潘江雪的聯繫方式，便透過網路搜索找到一個郵箱地址與她溝通，表示願意掛帥親自督導設計夢想課程。《一代宗師》有句熱門的台詞：念念不忘，必有迴響。一位專注公益的人，最終會得到同道者的呼應。

　　夢想課程包括家鄉特產、遠方的城市、我和你、野孩子、全人教育、多元實用才能、理財等11個主題共30個子題時，分別納入「我是誰」、「去哪裡」、

「怎麼去」3個課題框架下。基金會的吳沖曾笑稱，做一位夢想教師，如同門衛保安，天天要問孩子們3個問題：我是誰、去哪裡、怎麼去。其實，核心在於喚醒孩子的好奇心和獨立思考的能力。

觀察夢想課程，有兩個核心價值。一是以教師為核心。我過去採訪過一些支教（指義務支援偏鄉的教育工作）的志願者。我贊同支教的初衷，這些老師空降到邊緣偏僻城市，帶來新的理論與方法，但畢竟支教不是終身制，待到外來的老師離開，剩下的鄉村本地教師可能會失去孩子的熱愛，無法建立一以貫之的教學規則。真愛夢想基金會則選擇與當地的教育局合作，以參與式的培訓和夢想盒子等網路手段，激發老師們的熱情，幫助他們提升專業能力。在現有的教師隊伍尋找合適的人選，作為夢想種子教師，輻射和影響更多的夢想領路人。

夢想課程的第二個核心價值是科技化。夢想課程會播放BBC的城市建設紀錄片，教孩子們使用網路地圖，在線預訂車票與酒店，制定去其他城市的旅遊攻略。基金會甚至會與阿里巴巴公司溝通，製作專門的網商教材，教會孩子們在網上銷售家鄉的土特產。而這些教學中，平板電腦是重要的移動學習工具。

遙想當年，iPad面世後，賈伯斯和傳媒大亨梅鐸共進晚餐。他們倆一致認為，紙本教科書業務將會被數位學習材料淘汰。賈伯斯逝世之前，還專門向美國總統諫言：解放孩子的書包，讓iPad進入課堂。

今天，在歐美國家的小學教育，iPad教學司空見慣，但在中國的教育中，還遠未普及。在學校，孩子們面對的是黑板、粉筆與試卷；但回到家裡，可以在iPad上玩遊戲、看影片。教育與娛樂，學習與家庭如此割裂，實屬罕見。我相信，避免孩子上網成癮的唯一方法就是，引導孩子學會使用科技產品。

2015年，真愛夢想基金會的公益創業之路進入第七年，在全國31個省市自治區，設立了為183萬名師生提供素質教育課程和服務的公募基金會。

當公益遇到科技，會碰撞出什麼火花？春節期間，真愛夢想基金會的劉蔓理事與長江商學院EMBA25期的校友共同號召過年不要紅包，要公益。運用騰訊公益「一起捐」的功能，大家發現公益還可以這麼簡單，這麼好玩，於是紛紛申領任務，發動朋友圈的勸募……10天內，超過1.6萬人參與「真愛夢想・夢想課

堂一起捐」的活動，捐款逾120萬元。這些參與者中既包括真愛夢想基金會的理事、長期鐵桿支持者，還包括志願者、捐贈人的孩子們、偏遠地區夢想中心受益的老師和校長們。

真愛夢想基金會連續4年蟬聯《富比士》中國慈善基金榜第一名，是中國極為難得擁有極客特質的公益基金會。他們用上市公司的標準規範財務，用知識連鎖店的概念打包推廣夢想中心。每一個夢想中心都是2.5噸、6立方公尺的物資，運到目的地後，只需要電工、漆工、木工各兩名，加上一週的工作量即可組建新的夢想中心。

如果問及夢想中心的投入？潘江雪能夠準確地說出每個插座的價格是5.3元。

回顧這幾年的基金會年會，汪峰的《存在》、電影《雲圖：穿越過去未來》都會出現在基金會的年會中，他們的招聘也會尋找喜歡KK《失控》與劉慈欣的科幻小説《三體》的同道。2014年，時任祕書長的吳沖關注了矽谷流行的一本暢銷書《奇點臨近》。在他的倡導下，真愛夢想基金會開始了反思：未來的公益教育要走開源之路，當我們為孩子打遊戲上癮頭疼不已的時候，有沒有想過操作遊戲有可能成為未來某一個時代的基本生活技能？當素質教育成為大眾訴求後，我們是不是也要保留應試教育的一些精華？當奇點來臨，如果20〜30年內，訊息的採集、存儲和運算都可以藉由類似人腦外接隨身碟的方式來實現，那麼究竟什麼樣的教育才真正具有價值？

子雯：人吶，就是一個傳導體

文／小刀崔

我最害怕的是，這一輩人的無知無畏，打破了生態平衡，而讓我們的孩子去埋單。拚命地消耗自然，肆意地消滅物種，這些人想沒想過，你的孩子將來還能繼承什麼？

子雯本名梅楣，祖籍河北，長在長沙，畢業於湖南師大，在湖南衛視文藝部

工作10年，輾轉《正大綜藝》、《綜藝大觀》、《快樂大本營》等名牌電視節目，承接數屆湖南的中秋晚會、春節晚會。她是資深的媒體人，至今，老同事還親切地喊她本名的諧音「妹妹」。

後來，子雯赴美讀書，攻讀電影專業，實習初期是在國家地理頻道。地理頻道的CEO是野生救援協會（Wild Aid）的理事會主席，當時野生救援協會「有一個崗位，在網上掛很久了，沒有找到合適的人」。地理頻道引薦子雯到紐約，見了野生救援協會的兩位創始人。

最初，子雯有關動物的理解，源於對一隻小貓的感情。去美國之前，子雯第一次養貓，因為不會照料，不久貓便　了。「我一輩子忘不了小貓去世前那個求助的眼神」。她感到內疚，既然養了，就要對它負責，就要懂得一些飼育知識。

1999年，野生救援協會在美國註冊，這是一家非營利的國際環保組織，旨在透過公共宣傳，提升大眾意識，減少對瀕危野生動物的傷害。他們的口號簡單有力：沒有買賣，就沒有殺害。「這個概念非常新，以我的經驗、原來的資源，有能力從事這份工作」。由此，子雯開始擔任野生救援協會中國首席代表。人才難得，她電影學院畢業後，已有多家大牌電影公司拋以橄欖枝。選擇野生救援協會，是因為「這件事挺有意義的，未來也有很多不確定性」。

這一做就是11年，子雯將野生救援協會的理念引入中國，「這個過程，我成長很多，看人、看問題心更大了、更鬆了，不再焦灼糾結在一個點上」。人到大自然中，與動物面對面，從瑣碎世俗的煩惱中掙脫出來，你可以退一步看一件事情，在更宏觀的層面思考。

人與自然對話，會形成強大的衝擊波，激盪洗滌人的心靈。這種感受，子雯和籃球明星姚明講過，「倆人的感受一模一樣」。2012年、2013年去非洲，姚明有很大的改變，大個子佇立在被殘害的大象面前，長久沉默，眼淚縱橫。姚明決計行動起來，喚醒公眾的良知，讓大家一起來保護大象。

大自然賜人以能量。你真正和動物、和自然接觸以後，你會把自己放小，明白自己不是主宰世界的人，明白萬物平等的道理，人只是其中一員。想通了這些，人的慾望會平復，心態會平和，「我要怎樣」、「我必須要怎樣」不再是口

文化與創意

頭禪。人會開始思考人與自然的關係，怎麼做到平衡，為了這個平衡，你可以怎樣，活著的姿態會變得卑微一點。卑微一點也是正確的，現在的人們可能忘了這一點，老是惦記著人才是這個世界的主宰，以為只要我有錢，只要我有槍，就可為所欲為。我有一支矛，就要刺穿世界這個盾。

大自然有一個平衡，它是有規律的，這個世界能稱之為「Law」（規律）的也只有幾種。很多物種，很多現象，在這個星球上已經運轉億萬年了，你用力量刻意破壞之、戕害之、滅絕之，這是多麼瘋狂的做法。「我最害怕的是，這一輩人的無知無畏，打破了生態平衡，而讓我們的孩子去埋單。拼命地消耗自然，肆意地消滅物種，這些人想沒想過，你的孩子將來還能繼承什麼？」

兒子4歲的時候，子雯帶他去海洋館，觀摩北極熊遇到困境的短片。孩子看了，後來不斷說：「不要開大車，氣溫變暖，北極熊沒地方住了」。教育是潛移默化的，作為父母，要讓孩子去感受、感知，最重要的是愛。人與動物是平等的，是有聯接的，「你只有對一個物種產生了愛，你才明白自己的責任是什麼」。

凡是環保公益活動，如有可能，子雯必攜子參加。兒子認真聽講，隨後把訊息傳遞給老師同學們。小學課堂上，老師請小朋友們討論人與動物的關係，「兒子提到非常專業的問題，比如棲息地如何保護、動物遷徙的特點之類的」，令老師驚愕感嘆。她激賞《國家地理頻道》出品的紀錄片，「從雙語教學的角度，我極力推薦看看這些紀錄片，英語非常棒，組句非常美，不是一般的電視、電影可以比擬的」。

過去，子雯的生活多風波、多挫折。「我沒有在挫折中倒下，而是在挫折中成長，讓我更加有理解力、承受力。在挫折面前，我們常常只能看到事情的一面。大多數人在看到一面的時候，就開始痛苦，開始爭論。但其實還有另外的一面，還沒有看到」。

子雯喜歡跑步與游泳，兩者都是個人而非團體運動，都是承受寂寞的運動。兩者講究調息，游泳是短呼吸，需要換氣；跑步倡導長呼吸，沉入丹田。她學過太極拳，養成站樁打坐的習慣。跑步可助思考，與站樁打坐不同，跑步是動中取

靜，幫你清空，梳理思緒。有種跑步叫「太極跑」，有益長跑。子雯參加過長江商學院的跑步活動，暴走20餘公里，獲得女子組第三名。

最近，子雯倡導發起泥濘跑。泥濘跑，英文名稱「Mud Run」，源於特種兵訓練。比賽以「泥」為特色，在8～12公里的賽道上，全程泥濘，遍布高難障礙關卡。她的初衷是讓更多的人體驗運動的快樂，泥濘跑不是一個人的挑戰，而是集體協作，大家一起向前衝。透過一個時尚運動，可以為公益發聲籌資。

「每次我有負能量的時候，我都透過冥想釋放出去。我是一個相當感性的人，敏感的人很容易被別人的情緒和能量所影響，所以必須要有控制。我感受到一些東西，一定要釋放出來。比如說，我的團隊某個成員今天很焦慮，他把這個訊息傳遞給我，我也會感染，變得同樣焦慮。我很快感受到，這是我的問題。我現在儘量做到不把這種焦慮再傳導給別人，這不公平嘛，他們又沒做錯什麼」。

子雯是堅強的，但在冥想的時候，偶爾會哭，一來有既往糾結情緒的釋放，二來是想通了某件事，豁然開朗，淚水潸然。

學習冥想始於瑜伽，冥想不神祕，安安靜靜地坐著，控制身體15分鐘，繼之收斂思緒。在不動的基礎上，如何能不亂想？或聚焦想一件事，或聚焦在呼吸上，或聆聽自己身體的聲音——「餓不餓，要聽得到胃的需求，它會告訴你今晚想吃什麼，那就去吃好了，千萬不要對著幹」。一次，子雯和教太極拳的師傅聊到：有時候，人的消化道紊亂，這是「心」的問題，不是腸胃的問題。想吃啥就吃啥，也許是最好的養生。你要學會與自己對話，聽到身體的反應。很多時候，生病、焦慮、亂發脾氣，其實是內心對自己不滿的表現。朋友好奇子雯是怎麼保持身材的，她說：「長胖是對自我的否定，是缺乏安全感最重要的表現。對自己沒有安全感，還要找到一個途徑滿足它，很多人選擇的是暴飲暴食」。如果一個人欣賞自己，很愛自己，又何苦糟踐自己的體型呢。

中國人迴避、淡化身體的接觸，即使在親人之間。子雯赴美讀書，臨行時，父親擁抱了她，一字一頓地說：「女兒，我愛你」。這是父親第一次擁抱她，也是至今唯一的一次。子雯與兒子很親密，經常膩著。忽然有一天從小學回來，兒子嚴肅地對媽媽說：「擁抱可以，但今後不准親嘴，因為媽媽不是女朋友。媽媽

當眾親我,小朋友會笑話的」。子雯哭笑不得,晚上趁兒子睡著了,狠狠親了幾下。

她的父親曾患有抑鬱,「原來覺得別人需要他,退休以後覺得沒人需要他了。抑鬱是一種被認知感的失去」。老人突發過心臟病,臥床病重,孫子守護,拉著老人的手:「外公,你不能走,不能上月亮上去,你要看著我長大」。之前子雯告訴孩子,不要懼怕死亡,人逝後會飛向月亮。老人瞅著外孫,吧嗒吧嗒流淚,竟戒了一輩子的菸癮。康復後老人天天鍛鍊身體,發願一定看著外孫長大成人,並學會開車,常常帶家人一起外出散心。

人有目標了,就不再抑鬱。關鍵是要被認知,「只有讓某人覺得他是有價值的,他才有活下去的力量」。

子雯和母親傾吐心聲:30歲以後,才知道如何做一個快樂的人,怎樣對負能量保持鈍感,怎樣清潔自己、汲取營養。走過這個階段,才明白最想要什麼,生命中最重要的是什麼。她認同臺灣藝人伊能靜的一段話:無論男人或女人,都不要用年齡限制,這只是一個數字概念,何時結婚,何時要孩子,也許並不重要,重要的是你在某個階段呈現的狀態如何,怎樣正向影響周圍的人。你的實際年齡與心理年齡不重要,關鍵是在愛人眼中,你多少歲。當然,愛人的感覺也取決於你的狀態。

2013年年底,她在關島做冥想,突然感悟:「人呐,就是一個傳導體。我們能做的,就是把自己Clean(清潔)成一個最透明的傳導體,不管是水晶石也好,鑽石也好。只有如此,你才能吸引更多的能量,傳遞更多的能量。但大多數時候,這個傳導體都是有雜質的,都是有沉澱的,負能量鬱結。那麼,你就是封閉的,沒法傳遞能量。如果你能不斷地清潔自己,影響周圍的幾十、幾百甚至成千上萬的人,那麼這個傳導體就是一把小火炬,它能感動別人並使別人追隨同樣的事業。感動來自哪裡?來自堅定的內心,內心最純淨的是對理想、對事業的堅持,這樣最有力量感。我相信,一流的企業家與領導者都擁有此等能量」。

小奧遊戲李婭:遊戲是娛樂,也是媒介

文／小刀崔

遊戲不是負能量，我們遊戲人也有世界觀，而且我們的價值觀並不Low。

李婭在一次參加拓展訓練時，和子雯分到一個房間同住。子雯是野生救援協會的中國首席代表，李婭問她的工作，子雯答了，李婭不知道這個公益組織，回一句：「有的公益是騙人的」。

李婭的笑很有特點，她微笑的時候以手撫額，開懷大笑時雙手捂眼。微信表情裡，阿童木有個可愛的「幸福得無法直視」的動作，與之相像。

她是性情爽朗、心直口快的人，做事咔咔咔，從不拖泥帶水。她回憶最初與子雯的相遇，笑出了眼淚：「直接蹦出了那句話，其實我也蠻後悔的」。

拓展兩天，子雯視李婭如同姊妹。李婭動作慢，而子雯是很俐落的一個人，燒水倒水，提醒帶水，多少熱水兌幾許溫水，交待得很細。「我和子雯接觸多了，對公益的認識越來越深刻。同時也問了很多問題，比如怎麼能夠把公益傳播給更多的人？怎麼能夠把公益愛心持久地傳遞下去？怎麼能夠在潛移默化中影響更多的人？」子雯與李婭一拍即合，最終決定在遊戲的平台上做公益傳播，兩位長江商學院的同學聯手打造了一個爆款遊戲《恐龍神奇寶貝》。

遊戲是娛樂，也是媒介。《憤怒鳥》、《植物大戰殭屍》這些熱門遊戲每天的下載量高達200萬次。這只是在中國的下載量，放到世界，會得到更驚人的數據。李婭認為，透過遊戲傳播公益，「第一，可快速直達用戶；第二，如果用戶喜歡這款遊戲，那麼公益意識也會隨之激活」。

恐龍遊戲來自瑞士在線遊戲公司Miniclip，這是一家全球知名遊戲廠商。小奧遊戲和對方談判一年才拿到了代碼，具備了條件做深度的本地化開發。2015年2月，騰訊重金控股，成為Miniclip的最大股東。回看這款遊戲，當年如果不能及時完成交易，恐會與之失之交臂。

《恐龍神奇寶貝》是一款Q版養成遊戲，玩家需要慢慢地養育恐龍，見證恐龍的約會結婚；還要雇飼養員，搭建家園，一草一木，傾注心力。此處建一大門，那裡搭一拱橋，或養亞洲象，或育水犀牛，一個玩家，一處家園，不盡相

文化與創意

同，各有創意。遊戲設有社區，玩家可去串門，看看別處的風景。每個恐龍都有具專有標記，習性如何、嗜吃什麼、尺寸多大、生活在哪個世紀，等等。

遊戲嵌入公益的過程挺艱難的，「畢竟是從老外那裡接過的代碼，剛開始，團隊的人告訴我，改不了啊姐，太深了」。遊戲有自己的數值體系，餵養系統、約會系統、生寶寶系統等分門別類，已經設計成型，增加一個東西，這個體系就會被破壞。打個比方，公益與遊戲是不同的樹種，現在這兩棵樹要長在一起，遊戲的樹要長出公益的花，這個嫁接活大不易。子雯也說，過去有人也提過以遊戲傳播公益的方式，做著做著就沒戲了。這是個好創意，具體做起來卻有諸多技術難題。李婭鼓勁：「小奧遊戲是一家技術公司，執行力很強，我們來打攻堅戰」。兩家團隊碰了5次面，商量各種細節，定了一個方案。李婭著手內部推動工作：「團隊的人說改不了，我堅決推行這事，改了好幾個月。還推遲了上線計劃兩個月，驚喜的是，我們團隊做成了，想想這幾個月的折騰，好險啊」。

內部搞定後，開始出測試包。當小奧遊戲將測試包發給各種渠道商時，他們不讓上線，說遊戲中有姚明呼籲保護大象的廣告。小奧方面一直和渠道方溝通，解釋這是公益不是廣告。小奧遊戲在中國國內的手機渠道商大概有兩三百家，這款遊戲測試選擇了十家投放。反覆溝通後，有幾個渠道商勉強答應了，說「放放試試，國內還沒有先例」。遊戲總算磕磕絆絆地上線了。之後這款遊戲的表現不俗，每天新增60萬的用戶。渠道方反饋，2015年8月分，中國國內的3萬個遊戲中，《恐龍神奇寶貝》衝進下載量前三位。

遊戲市場競爭異常激烈，中國國內每個月都有萬款新遊戲上線，但絕大多數在一週或24小時內迅速下線，圈裡人稱之為一日遊、半日遊，有的甚至沒有機會上線，直接在內部被淘汰。能從這麼慘烈的競爭中殺出來，實屬不易。評價一款遊戲的表現，留存率很重要，很多遊戲，用戶下完即刪，而《恐龍神奇寶貝》的留存率很高。為此，遊戲的社群專設野生救援的板塊，玩家也為公益建言獻策。

這次合作，在遊戲方，要攀越技術的欄杆；在野生救援協會這邊，「子雯也默默承受了許多壓力。在全世界，公益和遊戲的深度合作，這還是首例。我想說

的是，遊戲不是負能量，我們遊戲人也有世界觀，而且我們的價值觀並不Low」。

小奧出品過一款《3D終極坦克2》，當時有媒體的記者找技術員聊開發，結果技術員聊了一上午世界觀。記者不解，問遊戲不就是玩得爽嗎，怎聊到精神層面了？技術員的回答是，射擊手遊的核心不是技術，而是「榮譽與夢想」。

小奧做了這麼多年遊戲，信奉的原則與Google一樣：不作惡，從來不做傷害用戶的事情。現在市面上小奧的爆款遊戲也有15種，打開這些遊戲，映入眼簾的是：中國好遊戲——小奧遊戲出品。這是小奧團隊對用戶的承諾。

憶當初，開發的遊戲只有50K大小，適配120×120的手機螢幕。李婭當時做美工，不是用畫筆去畫，而是一個像素一個像素地去點，比芝麻粒都小。

小奧遊戲走過兩個大彎路，其一就是切入市場太早。太早出發，不一定走得遠。2004年，小奧就做過網遊，當年的手機用戶上網率是千分之一，項目太過超前，最終失敗。「這些彎路，我們都走過，哭過，懷疑過自己許多次」。

做遊戲首在取勢，面臨恰當的市場機會應該只做恰當的市場產品，每一次迭代對產品的要求都是不一樣的。小奧的初代賽車遊戲只有3M，而最近出的《3D終極狂飆5》接近50M。「變化好多，從最早的假3D模擬，到現在的真3D，緊急剎車的聲音，飛車馳過揚起的塵土顆粒，都有真實感」。小奧做遊戲，不是簡單的代理，而是做深度開發與運營。以射擊遊戲為例，小奧的射擊遊戲分兩條線，一是對抗火爆型設計，你來我往打得不亦樂乎；另外是狙擊類，貓在草叢裡，一動不動，開槍即中。一動一靜，兩種射擊遊戲類型服務不同的玩家。

其二，2008年，小奧做過一款全屏互動的卡牌遊戲，試圖同時適配Java、Android、PC與TV終端，而這些終端螢幕大小各不同。這款遊戲做了兩年，去找頁遊的人談，對方說沒有任何機會；去和手遊的人談，對方也是不理睬。「我們快崩潰了，這個遊戲做了兩年，天天拿點維持生活的工資熬著」。最終我們發現，頁遊、端遊、手遊，每一塊屏都是不同的江湖，情況各異，極少有一款遊戲通吃所有的江湖，唯有專注一個終端深耕細作，才是上策。

文化與創意

「在中國做遊戲，真的太苦了。我們公司走到今天，不像其他遊戲公司，一上來就是高大上的資本運作。我們是草根，一步步爬上來的，流過血，也流過許多淚」。

在分發渠道，小奧在中國國內的合作夥伴有300多家，遊戲出產後，額外打包幾百個。這些渠道方的要求各式各樣，或增添廣告，或另闢社群，或內設分析系統，或加第三方登錄方式。「我們為什麼要做世界的小奧，因為我一個產品，再做二三百個的包，只是為了滿足渠道的需求」。而在海外發行，相對單純，另外出一個語言包即可，這樣遊戲廠商獲得的是一個國家的用戶，不僅僅是一個渠道。

小奧出品的遊戲較多，代表作有賽車類《3D終極狂飆》、射擊類《全民槍神》、消除類《美人魚消消》，現在還有寵物養成類《恐龍神奇寶貝》。李婭觀察到，中國的遊戲用戶正趨於低齡化，兒童遊戲有待細分。比如新加坡，有專門的教育遊戲公司，針對兒童開發啟蒙益智的產品。《恐龍神奇寶貝》希望喚醒孩子對世界萬物的愛與探知，培養孩子的責任感。「餵養恐龍，就是一個嘗試。如果不去照顧牠，恐龍也會餓死。孩子對於死亡的認知很模糊，在現實中的體驗又太殘酷，不妨將其移植到遊戲場景中來讓孩子們獲得模擬的人生體驗」。

小奧標竿學習的是歐洲休閒社交遊戲公司King。該公司單月收入達3億美金，而其全部員工僅160人左右。小公司的人力，獨角獸的業績，這是小奧的志向。李婭說，目前，部分小奧的員工已經調整到美國時間，因為2017年小奧計劃在舊金山設立分部。

陳龍：中國正處於金融的黃金時代

文／小刀崔

現在是一個利他主義的時代，是一個消費者體驗為王的時代，是一個消費者驅動商業的時代。互聯網時代的商業，是協作、聯網、數據分享的形態。

2014年9月19日，阿里巴巴在美國上市。開盤前，阿里巴巴的參謀長曾鳴向

陳龍發來一張照片——定格在紐約地鐵，說：「24年前剛到美國，路過這裡，現在又回來了」。

意氣風發，有點像土豪宣言。

曾鳴與陳龍同出於復旦，他們是大學死黨。1991年畢業季，陳龍坐火車南歸故鄉昆明，月台上一片離愁。火車剛剛啟動，一個微胖的身影從人群中奔出，呼喊：「陳龍」——這個同學是曾鳴。

曾鳴在美國讀完博士，先去歐洲教學。2002年回國，是長江商學院的創辦教授，講授戰略學，兼任EMBA學術主任。

後來，同窗密友相聚北京小酌，曾鳴講了一道選擇題：或在長江商學院做中國最好的教授，或去阿里巴巴幹一番大事業。

陳龍被「當場雷倒了」。那年，他在美國做助理教授，距離全美最好的教授尚遠，哪談得上去企業一展襟懷？原來在當時的中國，可以解答這樣迷人的選擇題。2007年，曾鳴出任阿里巴巴集團副總裁、參謀長。

耶魯大學一位教授曾用數據預測：2050年，全球股市之格局，已開發國家和地區占總額的35％，中國占25％，印度占11％。中國與印度兩者相加，將超過已開發國家的總和，中國的資本市場定是世界資本的主戰場。

「我看了張圖，辭了美國的終身教職，捲起鋪蓋回國。我看清楚了，這是一個全球化的時代」。2010年，陳龍加入長江商學院。崛起的中國需要超一流的商學院，「我們應該回來參與這個激動人心的進程」。

陳龍畢業於加拿大多倫多大學，金融學博士，曾執教美國華盛頓大學奧林學院。初到長江商學院，他彷彿躍入轉型中國的激盪洪流。「我知道我和長江商學院的學生是一體的」。長江商學院雲集了中國傑出的企業家，他們志存高遠，豪情滿懷，這是一艘大船，滿載長江人，大家一起喊著號子，互相激勵，乘風破浪，共濟滄海。

陳龍在「長江商學院」被稱為「龍教授」。龍教授首創「金融大歷史觀」。有論調稱，互聯網金融是時代驕子，奮鬥者把握這個時代的核心就可以了，不必

文化與創意

追溯以往。龍教授說，切勿輕言一個新時代的來臨，欲明互聯網金融，更須熟知歷史。以史為鏡，可知興衰。你能看到多久的過去，就能看到多遠的未來。「我們首先需要瞭解金融與商業的關係，金融的本質是什麼，然後再討論互聯網能給金融帶來什麼，互聯網金融能給中國經濟帶來什麼」。

現代金融始於銀行的誕生，從支付與結算開啟了自己的發展之道。15世紀末，西歐商貿繁榮，新興商人志在打通一條新的遠洋貿易航線，義大利探險家哥倫布揚帆起航。1609年荷蘭成立了它的第一家銀行。造船業、物流業以荷蘭為中心，大宗貨物經阿姆斯特丹進入歐洲。阿姆斯特丹流傳著種種財富傳奇，各國商人蜂擁而來，打探商業訊息，購買貿易公司的股份和債券，催生了第一家證券交易所。阿姆斯特丹登頂成為17世紀世界上最大的貿易中心與金融中心。

在中國，金融發軔於山西。晉商發跡始於明末，山西巨賈為明政府提供邊防軍需，換得販鹽特權。1823年，日昇昌票號面世，從貨通天下到匯通天下，改變了中國幾千年現銀結算的方式。晉商興於清代中期，橫跨乾隆、道光、咸豐三朝；清後期，國運不濟，時有戰亂，清政府另立戶部銀行，山西票號遂日漸沒落。

荷蘭海上稱霸，晉商陸地為雄。那麼電商做的就是「天上的生意」，或者是「雲生意」。如同貿易催生銀行一樣，淘寶推動支付寶的誕生。憶當年，淘寶勃興，急需第三方支付平台，中國國內尚無前例，政策也不明朗。馬雲恰在長江商學院上總裁班，陸兆禧問做不做支付寶？馬雲痛下決心：「做！如果我進監獄，你來送飯吧」。

貿易與支付是商業的一對孿生兄弟，頻繁的貿易流通，必然有支付結算的需求。縱觀歷史，支付是金融最基本、最核心的功能。在商業的格局中，支付是主戰場，信託、P2P（網貸）、群眾募資等是次戰場。當支付的方式改變，商業模式就會改變。如果說，今天的金融是一部懸疑小說，高明的偵探「Follow the money」（跟著錢走），就會找到破案的關鍵。

2014年6月20日，陳龍去百度交流。龍教授與百度總裁李彥宏論道科技，兩位大咖的觀點頗多一致。金融首重支付，即是「得支付者得天下」；美國的今天

不是中國的未來。美國的金融業較中國發達，反之，美國的互聯網金融的創新空間衝勁不足，中國可彎道超車，在互聯網金融的領域超越美國。

2014年11月，陳龍出任螞蟻金融服務集團首席戰略官。彼時，阿里巴巴的電商集團已經上市，所有的金融板塊納入沒有上市的螞蟻金服。在告別課堂上，龍教授說：「親愛的長江商學院的老師和同學們，你們問我，我為什麼去遠行？我們都在路上，都在遠行，但我從未遠離。長江商學院跳動著中國最有活力的商業脈搏，如果不曾和那麼多傑出企業家切磋，就沒有今天的我，我不會有勇氣投入奔流中去。有人說，人這輩子應該談一次靈魂出竅的戀愛，我沒有那麼貪心，我覺得能夠有幾次靈魂出竅的分享，就已經足夠了。在長江商學院，我經歷了很多這樣的瞬間。因為這個經歷，我的心永遠都走不了」。

曾鳴、陳龍，他們同在長江商學院教學，又先後到阿里巴巴集團任高管。我們從這一代的學者身上，看到中國久違的士人精神。他們不僅在書齋耕耘，而且擇時親自犁地種田了。這樣的人物，又何止曾鳴、陳龍二人。試看今天中國的諸多明星企業，不乏貫通中西、執掌帥印的學者型人才。

龍教授說：「我終於明白關公為什麼要在打仗的時候讀書了。書到用時方恨少，打仗的時候讀書，如果能夠解惑，有一種深切的快感。我真喜歡一邊做事一邊讀書的感覺」。

天下武功，唯快不破。早在2013年6月初，龍教授在長江商學院授課空檔，與同學們一起吃工作餐時，來自阿里巴巴的同學介紹了剛上線的一個產品：餘額寶。餘額寶上線7個月，與其合作的天弘基金的資金規模，從過去墊底的位置，力壓群雄，變成行業內第一。

餘額寶是2013年度互聯網創新產品，或有商業銀行的高管不服氣：哪裡是創新，餘額寶不就是貨幣基金嘛？

互聯網金融是一條鯰魚，游在大江大海，這條鯰魚便搖身一變成了鯨魚。過去的傳統金融，只限於銀行櫃台受理。在互聯網上，櫃台無限地放大了，隨時隨地可以理財。餘額寶確是貨幣基金，投放在支付寶平台下，可觸達數億用戶。

文化與創意

　　2014年11月3日，陳龍入職螞蟻金服。11月11日，他在杭州總部親歷「雙十一」的電商消費狂歡，當天淘寶、天貓成交571億元。11月27日，陳龍陪同荷蘭王后馬克西瑪到螞蟻金服訪問。這位美麗的荷蘭王后婚前曾是銀行的資深人士，現為聯合國普惠金融體系的特別代表。互聯網時代，金融的大門為每個人敞開著，普惠金融體系走入尋常百姓家。她倡導全民金融教育與金融訊息透明度，研究窮人、普通人到底需要什麼樣的金融服務。在荷蘭，75%的人不清楚可以拿到怎樣的養老金額，退休人士也看不懂他們每個月拿到的養老金明細表，「金融知識、金融能力對於個人、對於家庭都是非常重要的」。

　　從古到今，小型微利企業真正得到金融的滋潤很少，「金融業的痛點是訊息不對稱，我們不能責怪金融本身，一個很大的問題是沒有技術支持。過去，銀行為什麼不給每個人發信用卡呢？因為徵信、調查的成本太高了」。1960年代，信用卡開始流行，其背景是計算機的普及。

　　馬雲和陳龍分享：「20世紀是工業大企業時代，當今世界從IT時代進入了DT時代（數據時代）」。陳龍說：「現在是一個利他主義的時代，是一個消費者體驗為王的時代，是一個消費者驅動商業的時代。互聯網時代的商業，是協作、聯網、數據分享的形態」。

　　螞蟻金服是一家技術驅動的數據公司，之所以取名「螞蟻」，是因為其核心業務是微金融與普惠金融：百姓理財，有可靠的理財產品；中小企業融資，有利息低的借貸渠道。「中國的金融體系是一個落後的資源體系，向精英客戶傾斜，向國有企業傾斜。未來商業方向是一個小而美的趨勢，普惠金融體系有非常大的前途，是有擔當、有社會責任的金融。我是一個金融體系學教授，這件事意義非凡，所以才參與這樣的一個過程」。金融業天然具有金融屬性與公益屬性兩個方面，技術革命帶來了重新組合這兩種屬性的時代機遇。

　　陳龍的母親80歲了，老人家的生活有三個樂趣：養花種菜、與兒孫們微信聊天、每天看餘額寶漲息多少，這是一個普通人互聯網＋的生活。

　　陳龍在美國教書時，有個同仁是耶魯大學的羅伯特‧席勒，他是2013年諾貝爾經濟學獎獲得者，代表作是《金融與美好社會》。席勒教授說：「金融並非

為了賺錢而賺錢，它的存在是為了幫助實現社會的目標。一個好社會的重要特徵是平等、信任，人人互相尊重和欣賞」。陳龍與他的金融學教授同仁們，見證了這個時代的風起雲湧。

鈦妹趙何娟：媒體注定是細水長流的

文／小刀崔

好的內容永遠是稀缺的，永遠是有價值的。鈦媒體怎麼為作者掙錢？難道僅僅靠一點稿費和廣告費嗎？好的內容如何去延伸？怎麼靠優秀精良的內容去賺錢？這是一個可以思考，又能發揮想像力的命題。

她寫過多篇在財經和科技領域極具分量的新聞，有人暗中唆使黑客惡意破解她的Gmail，也有人打電話給她，諾以重金撤稿，她在電話裡回：「你不知道我叫趙何娟嗎？」

採訪時，我把與趙何娟的合影轉到朋友圈。馬上有位中國日報的編輯點評：「好姑娘，就是銳氣太足了」。

我敢打賭，這位編輯沒有在生活中見過趙何娟，只是在她的文章中想像一個在銳利文風裡叱吒風雲的作者模樣。

都說，文如其人。這句話也要掰開來看。學問深時意氣平，一個人在文字王國裡南面稱王，為文有千鈞之力，但為人卻有可能溫和散淡。如果不是在傳媒的縱橫世界裡遇見趙何娟，而是在一個咖啡館裡看到她，初識時會以為她就是一個鄰家女孩。這個鈦媒體的80後主編常常被誤認為是大學生，她也會把這個小小的誤會分享在朋友圈。那個時候，大家看到的是一個小女生對韶華的珍惜。

趙何娟在舒立團隊工作5年半，深受胡舒立女士的言傳身教的影響。舒立團隊麾下的媒體，甚或有颶風海嘯之勢。回顧最近幾年的中國大事件，第一時間發出的聲音，第一手深度報導，每每來自舒立團隊。

我問生活中的胡舒立是怎樣的？

文化與創意

趙何娟說：「舒立老師特別感性，很有孩子氣」。

原來，最鋒芒的文字來自最柔軟的心。趙何娟是湖南人，她把家鄉的火辣鋪陳浸染在文章裡，留給朋友的是湘妹子的山明水秀。

宋代詞人秦觀的名句：「郴江幸自繞郴山，為誰流下瀟湘去？」寫的就是趙何娟的家鄉郴州。郴江為什麼要離開郴山，向瀟湘流去呢？詞人秦觀以發問的口氣，感懷境起境滅、緣聚緣散。郴州在湖南的東南端，西鄰它的就是永州市。柳宗元在這裡寫過傳世文章《永州八記》。古代郴江的水從東往西流經永州，與瀟湘兩支水系匯流。

趙何娟的故鄉在郴州的縣級市資興。她的父母都是醫生。與慈母嚴父不同，她的母親剛烈直率，父親隱忍溫和。父親兄弟三人，他是長子，且年齡遠大於二叔。何娟降生，是當時家族唯一的女孩，備受寵愛。何娟喜歡電影，兒時經常去看收費的露天電影。縣城有了劇院後，她又是座上客。父母雖然是普通的受薪階級，但樂意培養閨女這個文藝愛好。那時，爸爸外出開會，也帶著千金開眼界長見識。

她的祖父是位智者，藏書甚豐。何娟從爺爺那裡淘得許多武俠小說，開始體會閱讀的樂趣。祖父還打得一手好算盤。叔叔逗何娟：「你要好好唸書，爺爺可是大博士的」。

「什麼博士？」

「算盤博士！」叔叔答。

2014年，趙何娟參加了母校資興市立中學15年的同學聚會。她捧得人氣獎狀歸，同學們一致讚她為「最聰明靈泛的女同學」。何娟當年以幾乎滿分的成績考入這所當地唯一的重點中學，當時滿分是700，她的成績是690多分，可知她是學霸一個。

趙何娟赴美在哥倫比亞大學做訪問學者，開始接觸到美國的新媒體生態。哥大有一門「商業模式」的課程，教授先授課，後邀請媒體的負責人與學生面對面交流。當時，中國國內的傳統媒體對新浪、搜狐等門戶網站還抱有偏見，認為這

不是媒體,如果有傳統媒體人投身網路,往往視為不務正業。但在美國,一個部落客就是一家媒體,許多集團媒體也把主戰場放在網上,媒體形態的多樣性令中國新聞人震撼。

回國後,趙何娟決心創立一家新媒體,最初先註冊了域名:TMTPOST.com。TMT是科技、媒體、通信英文的首寫字母組合,取名「鈦媒體」。鈦是稀有金屬,晶白色,可塑性強,耐熱抗腐蝕,熔點高達1668℃,多用於航天高科技領域。鈦媒體於2012年底上線,以眾包的形式吸引了一批業內的優秀寫手。現在鈦媒體已成為中國領先的科技商業新媒體。

創業之初,趙何娟遇到一件讓她傷感不已的事,她招募的第一個員工回東北老家探親,重感冒誘發舊疾,猝然離世,「連個告別都沒有」。「人生天地間,忽如遠行客」。趙何娟聞訊慟哭,這位同事與她一道看著鈦媒體「從無到有,一筆一畫地走來」。那幾天,趙何娟反覆吟唱BEYOND的《光輝歲月》送別創業路上的兄弟:「這是我們共同經歷過的光輝歲月,以後我每年都要唱給你聽」。

2013年10月,趙何娟在美國的四位編輯、記者朋友——或來自《大西洋月刊》,或來自《紐約時報》,或來自《經濟學人》,或來自小鎮社區報——陸續離職,一個做自由撰稿人,一個做家庭主婦,另外的直接轉行。唏噓之餘,她不禁感嘆:「去年不理解我的朋友,今年開始理解了。創造歷史的,也必將成為歷史。你我都一樣,今天顛覆別人,就必須做好明天被顛覆的準備」。

但趙何娟也反對簡單唱衰媒體的論調,她認為網路上經常瘋傳的「傳統媒體人自殺的悲觀論調。其實都是個案吧。抑鬱症已是整個社會的一個突出問題,不獨屬於某一個行業。媒體也沒有大家想像的那樣悲觀。只是在大時代裡,百事俱廢,萬物待興。媒體注定是細水長流的,一切都才剛剛開始,勿躁」。

最近媒體圈流行「主編已死,主編要當產品經理」的觀點,小刀崔就此問題與趙何娟討論。她的回答第一次展露鋒芒,她反對武斷的標籤化,她認為主編須有產品思維,但不一定要做產品經理。反過來,產品經理也應該有媒體思維,尤其是做媒體領域的產品。那些把兩者混為一談的人,真的知道產品經理是幹嘛的嗎?又知道主編是幹嘛的嗎?糾纏概念沒有意義,「叫什麼不重要,重要的是做

什麼」。

過去湖南衛視的《我是歌手》熱播，一些成名的歌手回到競技賽制的舞台，拋下名氣的光環，重新用聲音感動觀眾。趙何娟說，為什麼不能做一檔《我是記者》的節目？在一個全媒體、泛媒體和自媒體的時代，更應該呼喚新聞的專業主義。

趙何娟在這次採訪中，透露了鈦媒體的選稿標準：首重專業性，拒絕口水文，反對荷爾蒙式的寫作；觀點明確，有信服的證據與嚴密的邏輯支撐；對某個公司、事件或現象的完整梳理，為讀者提供思考觀察的依據；真實的故事，切身的感受。不怕角度小，就怕泛泛而談，越具體越好，比如針對性地寫一個軟體的設計過程與理念。

現在，有部分新媒體或自媒體靠收保護費來掙錢，幾個公司打架，無良寫手推波助瀾。這是鈦媒體所不屑、所不齒的。「好的內容永遠是稀缺的，永遠是有價值的。鈦媒體怎麼為作者掙錢？難道僅僅靠一點稿費和廣告費嗎？好的內容如何去延伸？怎麼靠優秀精良的內容去賺錢？這是一個可以思考，又能發揮想像力的命題」。

鈦媒體與華誼兄弟影視合作，開啟了媒體跨界與影視公司合作的先河。趙何娟是電影迷，她敏感地感到「中國缺少科技題材的電影」。時下又是一個移動時代，互聯網世界風起雲湧。一個大時代，怎麼可以沒有與之匹配的好電影呢？鈦媒體擁有業內眾多科技寫手，可以引導他們在新聞之外的影視領域進行創作。

路妍：我想把這壺綠茶沏到剛剛好

文／小刀崔

不能為了賺錢而賺錢，生意不是做的，而是生出來的。

路妍的微信頭像是一個太極圖。我無法把這個黑白的太極圖與綠茶餐廳的創始人聯繫起來，我想探究這背後的緣由。

那天上午,她剛剛從上海飛到北京,匆匆趕到酒店的大廳接受採訪。牛仔褲,帆布鞋,素面朝天,頭髮略蓬鬆。她一手抓過一只抱枕,一手持叉叉起一片蘋果,說:「中醫、中餐、《易經》都是老祖宗留下的寶貝,越傳統,越時尚,傳統裡有中國人心靈的歸宿」。

路妍幼年生活在東北吉林,常隨奶奶到大山裡採藥。奶奶是一個赤腳醫生,沒有讀過太多醫書,但似乎與天地相通。村裡人有家務糾紛或煩心事,每每找到奶奶傾訴。奶奶安詳地聽著,聽畢,細語慢言與村人交代幾句,村人便微笑釋然。奶奶挽挽袖子,繼續幹活,全然不為剛才的紛亂所擾。奶奶帶孫女到山裡挖川貝,奶奶告誡,只取公川貝,留存母川貝。鏟了開花的母川貝,就違了萬物生長的理兒。

姥姥挑擔賣豆腐,總會帶蔥或醬贈與鄉親。童年,雖然寒苦,但是祖輩的人順應天地輪迴,總有法子把日子過得綿長有味。爺爺耳順之年,始有孫女路妍,自然對她倍加寵愛。春暖花開,樹葉還未繁茂,爺爺遍尋山野找鳥巢,給予孫女營養。路妍幾乎吃過大山裡所有的鳥蛋,小的如鵪鶉蛋,大的如鴨蛋。爸爸進山打獵,常有斬獲,捎來不同樣的野味。幼年,煮米用山泉,裝一大鍋用柴燒,滿屋溢香。彼時的豬肉,生肉片切開,即有香氣。隨便一根黃瓜,一株蘑菇,皆鮮美多味。

15歲,路妍離開吉林到大連尋親,之後在一家舞蹈團當學徒工。舅舅家在島上,常吃鮑魚、海參、生蠔、海蠣子,一網撒下去,天天吃超級新鮮的野生魚。「我真的吃過山珍海味,還不花錢。後來到了城市,哇!這麼一個東西幾百塊,我們那裡石頭縫一翻開都是啊」。

路妍邊打工邊學民族舞。相對於口福,學舞遭的罪如同承受清朝的十大酷刑。「天不亮起來練功,正腿、旁腿、偏蓋腿、後腿輪番踢,我現在給你說,你沒概念。早晨踢500次腿是很辛苦的事兒,巨疼、超級疼,你沒有辦法體會到的那種疼。別人都是童子功,我是15歲硬撕出來的。男孩原地飛腳35個,我最多打過70個。我用兩年的時間練了別人四年的功夫」。家境不好,路妍才會中途學舞。姐姐出來謀生,供弟弟讀書,一個月掙270元。

文化與創意

路妍經常對朋友建議，如果生女兒，一定要學舞蹈。你的模樣可以裝扮，但你的形體、氣質、精氣神需要鍛鍊。

舞蹈之旨在於隱忍。「你一定要學會忍耐與控制」。路妍指了指額頭：「我們那時候控制腿就放在這裡，兩分鐘哎！然後是後腿從肩膀後面抱著，一分鐘吶！那60秒滴滴答答在心裡作響。老師拿著籐條在旁監督著，你疼你吧嗒吧嗒掉眼淚也沒用，必須咬牙等老師喊停才可以。學舞，可以把一個人的意志訓練得特別頑強」。用功深了就是用心，用心足了才會長進。兩年後，她在團裡當上主力，時逢西湖博覽會，隨團從大連來到杭州演出。

25歲，路妍借錢籌備自己的事業，留在杭州開了綠茶青年旅館。這簡易的旅館有幾張桌子，兼為客人供餐。地點在特偏僻的靈隱寺路31號，環繞樹林，孤零零的一個房子。「我想這一輩子都跳不成楊麗萍老師那樣了，但還要養家餬口呢」。後來，許多顧客讚歎「綠茶」倆字起得有文化，路妍率性地說：「哎呀哪有啊，就是旅館前面有一片茶園」。

借錢闖路，沒日沒夜地幹活，十指纖纖的舞蹈演員如今成了廚娘，路妍的母親心疼女兒：「用功學了10年舞蹈，沒有留在舞台上。真想不到你天天在這裡洗盤子洗碗」。

懵懂創業，開店的時候尚不知營業執照一說。有人來查，質問你開張你有執照嗎？路妍無辜地晃腦袋：「什麼執照啊，不知道啊」。又被告知：「你一定要辦執照」。路妍弱弱地問：「哥，你能告訴我去哪兒辦嗎？」

那年「五一」長假，杭州天氣濕冷。旅館在假期的第一批客人來自上海，幾位小夥伴遊杭州，偏逢涼雨霏霏，爬山時被兜頭淋濕發起了高燒，歇住青年賓館四天。「我不是小時候跟著奶奶挖草藥嘛，知道些醫理」。路妍沉浸在往事中，她理了理髮髻，雙手擊掌：「這幾個小孩就是濕了，寒氣入侵，馬上！路姐開始用上醫理了」。她每晚煮薑湯，一一敲門送去。她認為每一個客人都是衣食父母，珍惜得很。

春去夏至，綠茶青年賓館爆棚，多是上海人。路妍納悶，問來客這麼找到這裡的？原來，「五一」爬山的那批遊客，其中一位是《申報》的記者，回滬後撰

寫遊記提及綠茶青年賓館，寫道：「這裡有一隻狗，有一位不像老闆娘的小女生……」。

用心不是刻意用力，無心插柳，偶有機緣便會柳成蔭。2008年，路妍正式開了綠茶餐廳。綠茶是年輕人的餐廳。「我打小是這樣一路過來的，我可以體會到年輕人那種有錢沒錢為錢犯愁的感覺。但不管怎樣，來綠茶吃飯是件特有面兒的事。每個年輕人，大學畢業後，哪怕月薪兩千，也吃得起綠茶」。

我問路妍，為什麼年輕人喜歡以吃貨自居？有的人對美食甚至有宗教般的熱情，不惜在霧霾天穿越一座城市去吃某種美味。

路妍反問：沒覺得吃是一件很幸福的事嗎？比如說一個女孩子失戀了，她也許會放縱自己的胃口吃大餐。現代人壓力大，忙碌且浮躁，許多人在尋找歸宿感。什麼可以迅速提升幸福感？美食其一，運動其二，美食比跑步還來得快。美食是一條尋根、尋找幸福感的奇妙之旅。一個人的口味往往曝光了他的老家在哪裡。在客居的都市裡，大家透過饕餮，撫慰流逝匆匆的時光；在美味女神的指引下，穿越回到故鄉與童年；或頻頻舉杯陶然引醉，卻把異鄉當故鄉。

路妍認為《易經》與中餐都是世界文化遺產，好吃的東西全天下的人都是認可的。她來長江商學院學習，就是希望把中餐帶出國門。

她不解：為什麼中餐在國外做得那麼難吃？過去，中國人移民海外，不見得每個人都會做菜。在異國他鄉，開個中餐廳，只是無奈的過渡，謀生而已，不是專業開餐廳的。路妍在美國，自己下廚實驗一把，滋味與在中國嘗到的無異。所以不是食材的問題，不是水土的問題，核心的問題是會不會、用不用心。「不能為了賺錢而賺錢，生意不是做的，而是生出來的」。

在大眾評價的方面，許多顧客誇綠茶的菜有家常的味道。其實這些菜品就是來自家常，它們或是婆婆的煲湯，或是小叔家的拿手菜，路妍請親人到店裡將烹飪方法授予廚師。餐廳的主打菜，老闆路妍都會做。為什麼這樣做，菜的精髓是什麼，她都瞭然於胸。她經常跑到後廚，招呼員工：哎，寶貝，幫姐怎麼怎麼著。他們吐吐舌頭，訝異什麼情況啊，覺得這老闆夠性情的。

文化與創意

「白鹿」、「外婆家」、「海底撈」與「西貝 面」，這四家餐廳是當下中餐連鎖的翹楚，也是綠茶的榜樣。「看到他們，我覺得中餐走向世界挺有希望的」。中餐國際化，先要解決標準化的問題。綠茶在探索機器人炒菜等前瞻技術。

眾所周知，餐飲業是勞動力密集產業。科技時代，機器或可擔當後廚主力。為什麼現在還沒有機器人做中餐的例子？不是機器人不會，而是西方人不懂中餐，自然無法開發烹飪中餐的程序。未來需要專業的中餐從業者，來操控機器人工作。

綠茶餐廳有回請一些美國人嘗菜，其中有道菜是綠茶魚餅，其做法是把魚肉魚骨頭粉碎了，沾上麵粉過油炸一下，外脆裡嫩，佐以蔥花。那次，一道尋常的中國菜，震住了美國人，紛紛讚其美味。老外大多不吃魚，不吃的原因很簡單，竟然是不會吐骨頭。說到根上，就是一個做法問題。

路妍有一次失敗的美食體驗。朋友曾引薦她到法國的一家百年老店，站著排隊一小時才等到號。坐下來，侍者送來一塊牛排，一堆馬鈴薯條，一碟沙拉。路妍左顧右看，還在等菜，侍者攤手說沒了。她跌破眼鏡，覺得歐洲的美食神話不過如此。在吃這件事上，他們太不幸福了。

餐飲是體驗式消費，除了美味，還有環境。創業初期，同行有意壟斷市場，與圈裡的設計師簽約，不准他們與綠茶合作。「沒人敢接我們的單子，充其量只能找人畫畫圖紙，裝修設計都是我和先生的想法。把我們逼成了這樣」。

綠茶餐廳的燈是路妍的代表作，粉紅色的燈罩，配以老舊的橡木，光線不明亮，但柔和。在光線的處理上，須洞察人心。比如，去商場試衣服，當時感到很搭很靚，回家了就覺得不對了。這是光的因素。都市裡，女生外出吃飯，或約男友或攜閨蜜，很在乎今天妝如何、氣色怎麼樣。餐廳如果是直射的白光，會給客人以壓力。

環境即是場景，中國的美是婉約含蓄的美，空間上講究曲徑通幽，你看不到太多的人，但又隱約聽到人語響。一個人不孤單，兩個人有情調，一堆朋友聚也很熱鬧。身在綠茶餐廳，你常常會瞥見隔壁屏風閃過一角裙裾，聽到高跟鞋的聲

音由遠及近而來。

開餐廳的講究，說淺了是菜的酸甜苦辣，說深了是對人性的理解。每個創業者，尤其是女性老闆，都是大數據專家。你要明白顧客要什麼，才能創造一個快樂放鬆的消費場景。路妍和先生全世界跑，在英國的古堡看到一個鹿角燈，拍照後回國交付香港的設計師製作，陳列在餐廳。「設計也是混搭的藝術，全世界看，看完了，你把好的東西有序地拼在一起，這就是設計。所有的創造就是智慧的凝聚」。說到這裡，路妍一手托腮，露出甜美的笑：「牛吧，千萬不要崇拜我哦」。

路妍篤信萬物有靈且美，一座房子有它的靈魂，那是建築師縝密的思想；一碟美食有它的靈魂，那是大廚精湛的技藝。

她是愛書人，覺得書有書魂。她說，看一本書，敏銳的人可以「嗅」到他的書魂——路妍親昵地把書叫做「他」，用愛、珍惜、投入感情的方式去閱讀一本書。一年內，四季更迭，可能沒有太多閱讀時間。但每看一本書，就應該去非常透徹地理解書的內涵。

路妍鍾愛臺版書，她到臺灣的誠品書店淘書，收藏李宗盛出品的吉他。她說，臺版書是繁體豎排，剛開始不習慣，要多看幾遍，然後看著看著就沉醉了，越看越迷戀，人與書、與字有種奇妙的銜接。她經常把一個字拆下來來讀，把偏旁部首一一分解，咀嚼其中的雋永。她常說，書中的文字是活的，你如果愛「他」的話，他就溢滿激情。如果不愛的話，他就會枯萎凋零。

2015年11月底，臺灣誠品書店正式落戶蘇州，其中就有綠茶餐廳的牽線引進之功。我問，如果把全國的綠茶餐廳比作一壺綠茶，水溫、茶色、器皿、滋味如何？

路妍十指交叉，沉思須臾，說：「中餐有固定的參數，但也有變數。水為母，器皿為父。我曾對照三種水，八馬的水、農夫山泉與虎跑泉的山泉，硬度各不相同。一個地域的餐廳，和當地的水土有關，我想做到每家餐廳都能入鄉隨俗。綠茶餐廳缺的還是時間的沉澱。綠茶是奢侈品，也是藝術品，我想把這壺綠茶泡到剛剛好」。

風沙淨處

文／沈威風

本來這裡就是一個長期貧困的地方，這些年來為了治理生態，退牧還林，牛羊不能再放養在草原上，只能圈養在村子周圍。甚至傳統畜牧業所飼養的牛羊，因為是食草動物而逐漸被限制，政府開始提倡農民養雞、養豬、養兔子。而縣裡曾經有過一些小型的工廠，如毛紡廠、皮革廠、地毯廠，也因為會產生汙染而被關閉。

後來，我們開玩笑地把從北京到河北省張家口尚義縣的那3個多小時的路程，稱為中國最適合自駕遊的公路。

那是一個週末的中午，北京的天氣很差，陰霾包裹著這個巨大的城市，能見度低得令人鬱悶。八達嶺高速出京方向，在收費站附近堵得一塌糊塗，短短一兩公里的路程，花了我們一個小時的時間。在經過居庸關的時候，不知道是不是山間的氣候向來便是如此，四周湧上濃霧，天空頓時下起雨來，前車被雨霧掩去了形狀，只有兩盞微弱的尾燈在不停地閃爍。

衝出居庸關之後，一路上逐漸晴朗起來，高速公路上的汽車也漸漸稀少。公路修得非常好，在很長的一段時間裡，我們都沒有意識到汽車其實一直在爬坡。等進入張石高速（張家口至石家莊），路上常常只有我們一輛車在行駛，路面平滑如鏡，標誌線嶄新雪白，能讓人放縱眼神極目遠眺的能見度讓人懷疑這條路會將我們一直帶到世界的盡頭。

還好，路的盡頭是一段省道二級公路。去尚義縣的必經之路在一個三岔路口，沒有明顯的路牌標誌，極容易走錯。我們看到遠處的蒙古包，下車問路。

一下車，撲面而來的久違的清新空氣一下子鑽到肺裡去了。草原上剛剛下過一場雨，路面已經乾了，兩旁的樹葉在陽光下閃閃發光，天上的雲層還沒有散去，陽光穿過雲的縫隙，變成一道道的光束射下來。山頂上矗立著無數巨大的風車，連綿不絕。

我當時只想說，這兒太美了。

一

這裡也是草原，名字也叫壩上。

可是壩上草原這個名字，對於北京人而言，卻專指河北承德的那一個。那裡旅遊開發做得早，這個季節正是旺季，週末去承德的高速公路上被京字頭車牌的汽車塞得滿滿的，草原上已經建滿了數不清的農家樂和賓館，當地人帶個路都開價100塊。

「我們這裡是壩頭，承德是壩尾」。當地人說，語氣模糊得讓我摸不清楚他們對於承德究竟有沒有嫉妒的情緒，反正在後來無數次的交談中，他們所有人都很注意地在言語中強調，那是承德壩上，這裡是張家口壩上。

我忍不住問，你們為什麼不做旅遊？承德壩上有的東西，你們都有，無非是清新的空氣，碧綠的草原。當然，聽說承德的草原更廣為人知是因為氣候原因，那裡的降雨量比這邊大，所以草長得更好一些。可是，你們還有這漫山遍野的風車——這東西我一直以為要到遙遠的荷蘭或者達坂城才能看到。

尚義縣政府的工作人員反問我：「你希望我們這裡搞成和承德一樣嗎？」

面對這個問題，我只能搖頭。即便只是一個普通的遊客，我們也會希望自己看到的都是原生態的東西。如果哪天我下了車，抬起頭，需要將目光穿過層層疊疊的山莊和賓館，然後再看到遠處從雲層中透射過來的陽光打在山頂上的風車葉片上，我想我大概不會說，「這裡太美了」。

「所以，我們要做高端旅遊，至少要吸引中產階級以上的人群到這裡來消費」。他總結說，「不能對旅遊資源進行過度的開發」。

我必須承認，這位工作人員保護資源的意識比我想像中更強。原以為，像這樣的國家級貧困縣，不論是縣長還是一般民眾，對於脫貧致富都有著極度的渴望，而這種渴望，可能會讓他們把周圍的一切視作資源去利用，而不是去保護。

文化與創意

當然，我有些懷疑他所說的這種高端旅遊的開發，對於這個貧困縣來說，會不會太過高瞻遠矚而變得不現實和沒有操作性。

這個位於河北省西北部的縣，西南與山西接壤，西北與內蒙古接壤，在歷史上也曾經被劃歸內蒙古管轄。直到如今，這裡依然蒙漢混居，當地人說話還帶著難懂的內蒙古口音，待客的時候也會端上一杯又香又鹹的奶茶。這裡平均海拔1600公尺，全縣人口不到20萬，官方資料上說這裡礦產資源豐富、氣候獨特。可是，這個三省交界之處至今是國家級貧困縣。

在現在的中國，最美的地方往往就是最窮的地方；而最窮的地方，只要我們不深入到當地人真實的居住環境裡去，只在遠處觀望，也就往往只能看到美麗的一面。尚義縣也是如此。

只要你不走進農民的家裡去，你就會覺得這裡美得像一個童話世界。天高雲淡，空氣清新，青草的味道香甜得令人迷醉。地勢起伏的草原上，零落地散布著一些小小的村莊，一排排赭紅色的房子在草原上特別醒目，遠處巨大的白色風車在緩緩地轉動……。

但是你不能走到近處。這些村莊很小，村裡的道路泥濘不堪，每一棟房子都一模一樣，外人根本無法分辨其中的區別。一到村口就能聞到一股刺鼻的臭味，據說是因為要執行退耕還林、退牧還林的政策，在這個以傳統畜牧業為主的地方，人們只能把牛羊圈養到村子的周圍。公路兩旁甚至連一家修車補胎的鋪子也見不到，偶爾能看到房門口的樹上拴著一頭孤零零的奶牛，睜著一雙濕漉漉的眼睛淡定地看著汽車飛馳而過。

那個小小的縣城也平庸得乏善可陳。最熱鬧的一條商業街的兩旁都是小店鋪，大多是服裝店和小飯館，街道被賣水果和賣蔬菜的小攤販占了一半，汽車要從人群和電動車中間穿過去是一個很艱難的任務。縣城最高檔的賓館，我不認為它能達到三星的標準。

這個地方，顯然還不具備發展高端旅遊的能力。

而且，尚義縣的地理位置有天然的缺陷。「來尚義縣的話，對旅遊的客人來

说，每年的『五一』有點早，天氣還冷」。尚義縣一個私人牧場的當家人說。

原籍此地的他，也是幾年前才由北京搬回這邊定居。這個牧場最適合在夏季的時候請熟悉的朋友過來聚聚。牧場養了幾匹馬、十幾條狗和200多隻羊，也僱用了十幾個工人。

他說這裡的冬天很長，雪很大，幾個月的時間什麼都做不了，每天看著兔子在白茫茫的雪野上出沒，還要支付高昂的取暖費用。不過，這個私人牧場還是啟發了尚義縣開發旅遊的另一條思路——「讓北京人擁有自己的私人牧場」。

二

尚義縣的窮，是有歷史原因的。

這裡的平均降雨量一年大約在300～400毫米，承德壩上的年平均降雨量則超過500毫米。這一兩百毫米降雨量的差別，產生了截然不同的結果。承德水草豐美、牛羊肥碩，在清代甚至成了皇家狩獵場。而尚義則成了乾旱地帶，在漫長的歲月裡，這裡杳無人煙，一直到明末清初的時候，才終於有人在這裡定居。

這個人還是一個從西班牙遠道而來的傳教士。他在這裡建了一座教堂，把教堂附近的土地劃為教產。那時從山西方向遷移過來的人們路過此地，傳教士便以允許他們租種土地為條件，希望他們能夠入教。就這樣，終於有了尚義縣。

然而這裡的生存環境依然惡劣，民國時期，在尚義縣境內流傳著這樣一首歌謠——《壩上詠春》：「一陣風來一陣沙，行走千里無人家。初冬未到冰先結，老死不見桃杏花」。

1950、60年代，在中蘇關係緊張的時候，這一帶成為軍事戰略要地。內蒙古的二連浩特被當作抵擋蘇聯入侵的第一道防線；第二道防線，就是壩上的野狐嶺。就因為這個原因，尚義一直沒有對外開放。一直到1988年，才開始了有限度的開放；而全面的開放，則一直等到了21世紀。

除了曾經作為軍事屏障外，這裡在北京的西北方，也就是上風上水的位置。

文化與創意

用專業一點的話說，尚義縣處在新西伯利亞和蒙古國冷高壓南下的必由風道。1979年3月6日，人民日報發表由新華社記者穆青策劃，黃正根、李忠誠、傅上倫、李一功撰寫的記者來信《風沙緊逼北京城》。文章這樣描述當時北京春天的景象：「在北京，大風一起，大街小巷塵土飛揚，撲面而來的風沙吹得人睜不開眼……白晝如同黃昏」。這篇文章第一次報導了侵襲首都的沙塵暴問題，引起中國內外的廣泛關注。當時的專家經過檢測之後，發現覆蓋了天安門城樓厚厚一層的黃土中，那些栗鈣土就來自於河北尚義縣。

從此，尚義縣展開了大規模的植樹造林、防沙治沙的工程。目的只有一個，就是改善這裡的生態環境，為北京輸送清風綠水。

經過20年的努力，尚義的生態環境得到了明顯的改善，草原沙漠化的現象得到了控制，除了內蒙古策源地來的沙塵暴還會途經這裡襲向北京之外，這裡每年所經歷的沙塵暴比以前有明顯減少。

「我們為北京做出了犧牲」。當地人說。

這話其實讓人聽了很心酸。本來這裡就是一個長期貧困的地方，這些年來為了治理生態，退牧還林，牛羊不能再放養在草原上，只能圈養在村子周圍。甚至傳統畜牧業所飼養的牛羊，因為是食草動物而逐漸被限制，政府開始提倡農民養雞、養豬、養兔子。而縣裡曾經有過一些小型的工廠，如毛紡廠、皮革廠、地毯廠，也因為會產生汙染而被關閉。

「我們縣沒有工業」。尚義縣的工作人員說。

我再三問，「一點都沒有？」

「一點都沒有」。回答無比肯定。

還有退耕還林，原本全縣大約4億平方公尺的耕地，現在已經退耕還林將近2億平方公尺。莊稼和糧食變成了草地和樹林。我很好奇，農民們怎麼生活。因為沒有工業，僅靠縣城的一點服務業，根本提供不了多少就業機會。這個人口19萬的小縣城，常住人口大概只有14萬，有5萬青壯勞動力都到外地打工去了。或許這也是為什麼在路邊偶爾會看到的農田裡，我看到包著頭巾蹲在田裡工作

的，大部分都是女人。

對了，還有漫長嚴酷的冬季。這裡的冬天極其寒冷，雪季很長，農民們基本上只能關在家裡，無所事事。

這個地方，有足夠的理由大聲說，他們為北京做了巨大的犧牲。

三

然而，在這個時代，無論如何都要講發展。

可這個「北京上風上水之地」的經濟該如何發展，還曾經引發不少爭論。有人建議把它建成一個綠色的屏障，也就是生態立縣，種樹、種菜、種草，多好。問題是，生活在這塊土地上的人，應該為280公里之外的首都，繼續犧牲下去，繼續這樣貧困下去嗎？

我在尚義見到了幾個縣政府的工作人員，他們都是土生土長的當地人。2006年的時候，尚義縣一年的財政收入，只有3700萬元。

他們每個人都記得小時候那極其艱苦的生活。尤其是風，他們深受其害。我們去的時候正值夏季，是風最小的時候，所以感覺涼風習習，十分舒適。可是在其他季節，風就不再這麼宜人了，「人被吹得倒著走，草地上的羊被風捲著就飛走了」。

後來有一位在國家電力機關工作的局長，他是尚義縣人，一直建議自己的家鄉利用風力，建設風能企業。其實早在1995年，隔壁的張北縣便已經在風力發電上做出嘗試，在那裡建了一個很小型的風力發電站，只有0.95萬千瓦的發電能力，純粹試驗性質。

風電企業真正開始進入這個地區是在2002年。國華來得最早，在草原上樹起了細高細高的測風桿。結果發現，尚義縣2632平方公里的土地，在70公尺的高度，最差的風速是每秒6.1公尺，最好的風速能達到8.7公尺／秒，也就是說全縣幾乎每一塊地方，都具備風力資源。

文化與創意

在這之後，電力企業蜂擁而來。到目前為止，一共有11家公司與尚義縣政府簽訂了風電開發協議，包括9家大的國企和央企，2家民企。國電、華能等中國5大電力集團公司全部到齊。據介紹說，尚義縣的風電總開發規模預計為500萬千瓦，總投資高達490億。

「國電和國華做得比較早，已經併網60.8萬千瓦，年底最少能併網85.8萬千瓦」。一位工作人員說。他是學馬列主義哲學的，如今講起風電，各項數字流水樣從嘴裡報出來，如數家珍。當然，他也算是趕上了好時機，從2006年到2011年，5年時間裡，尚義縣的財政收入終於突破了一億元。

縣裡所有的人提起這一點，都興高采烈的。毫無疑問，這個數字中，風電企業的貢獻是極大的——其實可以更大一些。尚義縣如今的風能發電，占了張家口市的一半，整個河北省的1／3，發展速度極快，已經形成了規模效應。「雖然比不上達坂城的規模，但是作為一個縣來說，在全國也都是領先的」。

國華在這裡建成了中國國內最大的單體風電廠，發電量達到18.3萬千瓦，同時於2009年6月22日在尚義縣國華滿井風電場建成了河北省風能、太陽能發電互補示範區。該項目總投資2400萬元，採用20kW風力發電加20kW太陽能發電相結合的互補模式。

這個示範區的存在，是因為除了風能之外，地處內蒙古高原的尚義縣太陽能資源也非常豐富，該地區冬春日照時間短，但風力強勁；夏秋風力較弱，但光照充足；白天日照充足時風速相對較小，夜晚沒有日照時風速相對較大。風能、太陽能發電互補項目將風電和光電整合利用——白天利用太陽能，晚上利用風能，實現24小時運營，從而確保了不同時間、不同季節供電的均衡。

這個光能發電廠的位置就在國華中控樓的附近。和漫山遍野毫無遮擋的風機不同的是，幾十塊太陽能光板以各個角度射向天空，鐵柵欄將它們圍在一個區域裡。工作人員拒絕了我們進去參觀的要求，他們說，這不安全。

這裡的一切都很安靜，不同於傳統發電廠熱火朝天的工作場景。放眼望去，沒有人影，風車緩慢地轉動著，據說轉一圈，就能發一度電，一小時能發電1500千瓦。就這樣一台風機，一年能賺200萬元。甚至，一台風機的發電量就超

過了我們眼前那一群充滿高科技感的、占地面積頗大的光能發電場廠。

然而，風電的到來，除了給政府的財政收入帶來不菲的提升之外，對於當地農民的生活，似乎沒有引起太多的改變。風電廠不需要徵用太多土地，實際上，那些巨大的風車占地面積不大。風車立起來後，把土蓋回去，在它的腳底下依然能種蔬菜、馬鈴薯。而這些高科技的發電站，也用不著太多的工作人員，一個中控樓裡工作的員工不超過20個，而且對技術的水準要求很高。因此，這些企業並不能給當地解決就業問題。

四

令人驚訝的是，這個每年有五個月溫度在零下的地區，有許多農民還是「離土不離鄉」地成了工人。

我們見到老張的時候，他正帶著他的女兒，背著手慢慢地從田埂走過來。這是一個100萬平方公尺的生菜生產基地，這裡種出來的生菜，2008年的時候成了奧運菜，2010年的時候，則成了世博特供菜。

在十幾年前工業項目全部停止之後，尚義縣就成了一個純粹的農業縣，除了壩上最負盛名的羊肉之外，這裡的馬鈴薯、玉米和蔬菜的質量也非常高。因為這裡海拔高，日照時間長，空氣無汙染，最適合種植綠色蔬菜。的確，在來到這裡之前，我從不知道玉米可以如此香甜。

於是，像青島浩豐公司這樣的企業開始在尚義建種植基地。他們租下農民的土地，再進行灌溉系統的改造。尚義縣這些年一直在推廣從以色列引進的膜下滴灌節水技術，將蔬菜的根莖用薄膜覆蓋，形成一個自然循環的系統，水汽在根莖部位蒸發之後，在薄膜的阻擋下形成水滴，再次滴落回根莖。這一套說起來頗為複雜的技術，在現場看起來，不過就是田間鋪滿了輸水的軟管，而一顆顆生菜則好像是從黑色薄膜上破土而出一般。

在水窖地上建一套這樣的系統，每平方公尺大概花費0.75塊錢，政府出一半的錢，企業出一半的錢。背著手走過來的老張就是看管這100萬平方公尺種植基

文化與創意

地的灌溉情況的管理員——這個職位只有兩個人輪班。

他說，活也不累，就是經常到處走走，看看哪裡的水管有沒有漏水，薄膜有沒有異樣。他家的地不是水窖地，不過也租給了浩豐，租金便宜一些。水窖地每平方公尺一年的租金是0.45塊錢，而他的沙地的租金是水窖地的一半。不過這份管理員的工作給他帶來了一天50塊錢的收入，雖然一年只有幾個月的工作時間，但是老張已經很滿意了。

浩豐的加工車間裡有幾十個工人，一車車從地裡收上來的生菜被卡車運進來，經過一道道的工序，最後變成個頭勻稱可愛的生菜。再用保鮮膜包起來，裝進包裝盒裡——最後，它們出現在麥當勞和肯德基的沙拉裡、漢堡上。

馬經理在我拿著相機好奇地在生菜堆裡鑽來鑽去的時候，就已經站在一旁注意我了。因為有縣裡宣傳部的人陪同，所以他並沒有阻止我的走動。而我注意到他，是因為他比當地農民更加黝黑的膚色和一口標準得多的普通話。

他告訴我，青島浩豐是肯德基和麥當勞這兩家國際餐飲巨頭公司在中國最大的生菜供應商，兩大巨頭每日所需生菜的50%以上由浩豐公司供應；新加坡市場上的生菜，80%以上來自浩豐公司基地。

生菜種植品種單一，市場需求狹小而技術要求高，生菜食法多為直接入口，對品相、品質、口感等要求高，尤其是品相，多數生菜葉子上存有病斑，處理起來相當麻煩。作為典型的葉菜，在田地裡露天生長，整個過程經過風吹雨淋日晒，要確保其不出現乾邊、枯葉、病斑、蟲眼，又不能有農藥殘留，田間管理技術難度非常高。

這件吃力不討好的事，讓他的老闆——青島浩豐的董事長馬鐵民做成了一門好生意。如今，浩豐公司已在福建、上海、西安、山東、河北5個省市發展了標準化結球生菜基地11處，面積達400萬平方公尺，年銷售收入1.2億元。

馬經理說，生菜有生長週期，而每個地區因為地理環境、氣候環境的不同，能夠種植的時間也不一樣。「福建基地是12月至3月，上海、西安是4月和11月，山東是5月和10月，河北是6月至9月，剛好實現全年365天供應」。他說，

「收完這裡的生菜，我就要到福建去種了」。

我問他，這些地方哪裡種出來的生菜最好吃？

原本沒有打算聽到答案，可是馬經理毫不猶豫地說：「就是這裡的最好。空氣好，沒有汙染」。

青島浩豐只是一個外來的企業，當地人也開始在農業上想起了招數。沒有了工業是很遺憾，可是這塊光照強烈且無汙染的土地，卻是這個年代更加稀缺的東西，如果能利用這個優勢，未必不能找出一條新的發展道路來。

除了蔬菜，這裡還盛產玉米和馬鈴薯。在一條坑坑窪窪的公路邊，我見到一個普通的院子，院牆上用藍色的油漆刷著兩句標語：「當薯業照進夢想，把馬鈴薯變成金豆」。

文化與創意

陳九霖說企業與理想

陳久霖到陳九霖：從一代梟雄到和藹中年的背後

文／陸新之

業為人下人，何懼被非人。立志再做人，來日人上人。

中國商業史上向來不乏「老將出山」，但沒有一次老將出山會驚起這般波瀾。

2010年6月12日，陳久霖應邀在北京大學為100多名總裁進行了一場《上市與併購實戰回顧》的演講。在記者問及他的工作時，他做了低調的回應；6月14日，葛洲壩公司網站上貼出了陳久霖的照片：原來陳已出任中國葛洲壩集團國際工程有限公司副總經理。不過，公司網站在介紹陳的時候，將他的名字換成了陳九霖。

「久霖」還是「九霖」

針對陳九霖使用新的名字，有人認為他是改名復出，曲線回歸「國家隊」；有人說這是他刻意的安排，目的是避免社會的關注，是「割捨」的危機處理方式。更有些媒體出現直接引言，說是陳九霖找其喊冤，並親口對「本刊」、「本報」如何、如何說之類。但經詳查，除了新浪網的記者在北大現場採訪過陳九霖並有影片為證之外，陳九霖自2009年1月20日回國後沒有接受過任何其他記者的採訪。

筆者2003年就認識陳九霖了。我很早就已經注意到了，他在入獄之前發手

機簡訊給我時偶爾也會用「九霖」落款。到過陳九霖家鄉的人還會發現，在他母親的墓碑上，陳九霖作為長子所使用的名字正是「陳九霖」3個字。這個墓碑是2005年年中樹立的。知情人説，陳九霖使用現名與其恢復公職完全沒有關係。他從過去的陳久霖變成現在的陳九霖，大概與其鳳凰涅槃的決心和信心有關。

陳九霖的一個好友對此給了這麼一個證明：2005年年初，陳九霖保釋在外參觀新加坡博物館時，一個老太太見到他，請他簽名。陳九霖在那個老太太提供的一張報紙上，用毛筆隨意地寫了這麼一首詩：「業為人下人，何懼被非人。立志再做人，來日人上人！」

自從他2009年回國的第一天起，就有數十家媒體追著採訪他挖料。但是，他不接受任何記者採訪。

在北大演講時，陳九霖也流露出超然脫俗、不顧外界干擾的心態。當聽眾問他如何看待媒體和網民對他的評價時，他即興回答説：「我理解他們，因為他們不瞭解事實真相」。

回國後，在唯一的一次接受新浪視頻採訪的時候，他充滿激情地表示：儘管我失敗了，社會上有這樣那樣的評價與看法，但是，「我從來沒有放棄我的理想，只是調整我的做事方式和尋找新的成功的方法。我特別讚賞這樣的一句話：『不為失敗找藉口，只為成功找方法』！」

我想，這就是陳九霖真實心情的寫照。

從一代梟雄到和藹中年

大多數人對於陳九霖的印象，都來自於他在中國航油輝煌時期的雙排扣西裝、有些霸氣的CEO打扮。而今，在歷經滄桑巨變之後，日常生活之中的陳九霖已經是一個慈眉善目的和藹中年人了，與幾年前的梟雄形象判若兩人。

這並非陳九霖本質發生了改變，而是其鳳凰涅槃之後沉穩與內斂的內心表現。

曾幾何時，陳九霖的確是一位成功的企業家。他所主管的中國航油（新加坡）公司，在短短6年時間內，在異域打拚遭遇亞洲金融危機的情況下，由兩個人、21.9萬美元起家的休眠企業，迅速扭虧為盈，成為一個淨資產1.5億美元的國際上市公司。企業淨資產是他接手經營時的852倍，市值是國家原始投資的5022倍。

在新加坡工作期間和此前的一段時期，陳九霖主導和參與了10多個大型石油企業的組建與併購，包括香港新機場供油公司、與殼牌合資的天津國際石油儲運公司、與英國石油合資的藍天航油公司等。其中，2002年7月收購的CLH公司年均收益率達到40.89%（如果考慮資本運作的因素，回報率則高達614%）；當年7月，陳九霖又強力推動公司以3.7億元人民幣收購上海浦東機場油料公司33%的股權，該項目至今仍然是中國航油（新加坡）公司最主要的利潤來源。

儘管出現了重大虧損，重組後的中國航油，按市值計算依然是新加坡最大的中資企業；按營業額計算，至今還是新加坡第四大上市公司。公司虧損的債務，都是利用陳九霖創業時的投資項目回報所支付的。國家在重組時投入的資金成了公司資產。霸菱銀行虧損之後，轟然倒閉。而中國航油虧損之後，卻依然屹立。

2004年，在中國航油期權虧損事發之後，當時的輿論幾乎一邊倒地指責陳九霖，許多說法缺乏事實依據，大多是以訛傳訛。舉例說，訴訟時候，案情披露期權貿易是交易員紀瑞德和卡爾瑪兩人操作的，有些媒體卻搞錯說是陳九霖親自操作期權；案情披露挪盤是根據高盛等專業機構和交易員等專業人員的建議，有的媒體卻誤指陳九霖豪賭；明知售賣股票拯救公司是法人行為，有的媒體卻誤控陳九霖自己賣股票，搞局內人交易……。

面對那種黑雲壓城城欲摧的不利環境，不時有人建議陳九霖控告進行捏造和歪曲的媒體。然而，陳九霖卻泰然以對。他甚至在新加坡協助調查的時候，寫下了「牆倒眾人推，既倒不怕推。日後壘銅牆，歡迎大家推」的打油詩句。

見過陳九霖並與之交談過的朋友，普遍對他的遭遇持同情態度。即使他坐了新加坡的牢獄，也沒有更多的理由苛責他。事實上，陳九霖並未涉及侵占、挪用財產和破壞社會市場經濟秩序等經濟犯罪。仔細研究新加坡法庭對他的指控，沒

文化與創意

有哪一項是因為他個人的不良品行，都是因企業行為而引起的，或者說是在危機時為了保護股東利益而引起的。即使在公司運營中出現決策失誤，陳九霖主觀上並沒有個人犯罪動機。更重要的是，作為國家幹部，陳九霖一直是拿工資的，年報上公布的千萬元年薪，根據慣例，也進不到他的個人荷包。他既不是富豪，也不算是有錢人，就是駐海外的國企之中的一個廳級幹部。至於案件的內情，牽涉衍生品交易，所以當時法庭上控辯雙方都激烈陳詞，相關的文件加起來有一人多高。但是有一點可以確認，無論是衍生品交易還是最後的挪盤以及出售舊股，都不是他一個人決定的，在有些關鍵事情上，他甚至不是決策者。

中國航油石油期貨事件發生後，明知凶多吉少，他沒有像在新加坡親自操盤而搞垮霸菱銀行的交易員尼克·李森那樣逃走與躲避，而是主動面對。事件發生後，他兩度回國。第一次是被調回中國國內工作，而且當時他的母親生病臥床；第二次是回國為母親奔喪。他每次都有充分的理由和機會拒絕返回新加坡。然而，他沒有讓新加坡當局難堪，依然兩次返回新加坡協助調查，最終坐牢1035天。中新兩國沒有引渡條約。陳九霖也沒有因個人行為犯罪。可以設想，如果他只顧自保，留在中國國內，兩國政府會為他一人的遣返或引渡進行多長時間和多麼艱難的外交交涉？如果陳九霖堅持留在中國國內，政府能夠因為公司虧損（而非個人犯罪）接受新加坡的引渡要求嗎？如果不接受，國際社會又會怎麼看待中國政府？從這個角度來說，陳九霖多少有著避免出現國際僵局、犧牲自我的擔當。難怪他在離開機場前往新加坡協助調查時，對來送行的朋友吟出那首豪邁的打油詩：「風蕭蕭兮易水寒，壯士一去不復還。人生終有不歸路，何必計較長與短！」

陳九霖復出任職央企高管後，中國有些輿論評價說，陳九霖是「犯罪坐牢」的人，因此不能擔任國企高管職務。其實，這裡大有可以討論的餘地。權威法學家認為，「根據主權原則，新加坡法院根據其國內法對陳九霖在新加坡的行為所做的判決，並不必然在中國直接產生效力」。因此，陳九霖的復出任職並不存在法律障礙，也沒有違反《中華人民共和國公司法》和《中華人民共和國企業國有資產法》的有關規定。而且，對於新加坡對陳九霖的判決，有知名法學家提出過疑問。比如說，以他回答德意志銀行的一次口頭提問就認定他欺騙該銀行；在需

要董事會全體董事簽名才能披露的情況下，指控陳九霖個人隱瞞虧損，其法律依據與合理性都值得商榷。因此，以新加坡法院所做出的判決為根據，認定陳九霖在中國復出任職有法律上的缺陷，恐怕是不能成立的。有人因為中國航油出現過虧損，就認為陳九霖永遠不可任用。這種分析也未免有點迂腐，中性地說，是只見樹木不見森林。要知道，在陳九霖案件上，還有多少內幕和真相不為人知呢？

陳九霖在清華大學法學院攻讀民商法專業博士學位時，指導教師是中國民法泰斗馬俊駒教授。馬教授曾經多次表示，陳九霖的學習成績優良，「他是我最為滿意的學生之一」。「陳九霖也是一個十分堅強和好學上進的人。他承受了許多常人難以忍受的痛苦，但他仍然樂觀正向。我每次見到他，都見他臉上堆滿了笑容，沒有任何抱怨，就好像從未發生過牢獄之災一樣」。

陳九霖復出後，和他接觸的商界人士和投資者很多。有希望他協助上市與併購的民營企業；有希望他主理中國業務的外資公司；也有願意幫他組建數十億基金的國內外資本。甚至還在他坐牢的時候，便有國際和中國國內知名企業到監獄請他出獄後加盟。這些企業按市場運作，都承諾給予他極高的薪酬與股權回報。而陳九霖沒有接受高薪聘請，選擇了繼續為國企服務。

陳九霖深感當年中國航油的學費不能白交，尤其是目睹近年多家國企在石油衍生品交易方面重蹈中國航油的覆轍，屢次出現大問題吃大虧，他才不迴避自己的過往，以親身經驗、從戰略高度來向社會獻策。因此，陳九霖利用其經營石油企業多年的經驗，為中國石油戰略與安全一連撰寫了《中國需要建立完善石油金融體系》、《中國應牽頭建立OPIC》和《中國應該建立石油集散中心》等3篇研究報告。他的研究成果甚至得到了中國有關高層和韓國總統顧問千晟煥教授等國際人士的重視。

有人盲目地說，陳九霖坐牢回國後還能擔任央企高管，這種事只有在中國才能做得到。這其實不符合事實。馬侃在越戰中被俘並被關押了5年半，出獄後擔任美國的資深議員，成為2008年總統候選人，還曾被列入「美國最具影響力的25人」之一。陳九霖錯了，但他已經承擔了責任，他的家人也因此受到牽連。如今擔任央企高管，卻招來一些指責，這恐怕不是用一個簡單的「國情不同」的

說法便能解釋的。

窮人孩子早立志

陳九霖的父親陳遂祥曾經當過公社書記（類似於現在的鄉、鎮委書記），因此，比起同村其他大多數普通的農民家庭而言，他的家庭環境算是稍好一點。但是，由於農村醫療條件差，他的父母先後生育過6個孩子，最終僅留下他本人、1個妹妹和1個弟弟，一共3個孩子。因為三兄妹都要上學，所以，陳家的日子一直很艱難。

窮則思變。像大多數農民的孩子一樣，要想改變命運，讀書是唯一的途徑。常常掛在陳九霖父母嘴邊的一句話便是：「窮莫丟書，富莫丟豬」。或許是受到家庭崇尚教育的影響，或許是天性使然，陳九霖從小就喜歡讀書，對《三字經》、《昔時賢文》之類的書在剛上小學時便倒背如流。從初中接觸英語課程後，他尤其愛好學習英語。進了大學後，他也是修的雙外語：除了英語之外，一年半後即開始學越南語。

1982年是陳九霖人生轉折的一個重要年分。那一年，在經過了短短幾個月的惡補之後，他不僅一舉考上了大學，還被北京大學的東方學系錄取。這在當時陳九霖身處的環境之中，是一件非常了不起的事。陳九霖離開農村去北京上學那天，全村人以及周圍村子的鄉親們都為他送行。村民們自發購買的鞭炮燃放了近一個小時，連綿不斷的爆竹聲，一直把他從家裡送到了幾里外的小鎮——竹瓦鎮。陳九霖在那裡乘坐長途客運到200公里外的武漢，再從武漢轉乘火車到北京。他離開湖北老家的那一步，也就是他悲喜人生的關鍵一步。

在2003年，陳九霖回憶起在北京大學的求學生涯，依然充滿激情。他印象之中，那時候的北大學生各色人物都有。有年齡大的，也有年輕的；有社會經歷豐富的，也有不諳世事的。但整體來說，學生的素質很高，思維也很活躍。除了高素質老師們的課堂教學外，當時很多名師泰斗在北大做演講，陳鼓應、楊振寧、朱光潛、陳岱孫、馮友蘭、季羨林、王力等大師的演講他都聽過，受益匪淺。學校圖書館的巨大藏書量，也給他提供了很多的閱讀選擇。學校裡社團活動

很豐富，每學期開學時，「三角地」的「百團大戰」絕對是北大一道亮麗的風景線。

據同學介紹，陳九霖在學校算是「調皮」的，絕對不是那種安分守己的學生。他的成績屬於中等，不拔尖，也不落後。但是，陳九霖在學校裡面已經意識到，不能死讀書，對事物要有自己的見解。他觀察到，堅持獨立思考的師兄師姐們，最後比死讀書的學生更有作為。大概自那時候起，陳九霖就已經對自己的未來人生有所規劃了——希望做點事業出來。

1987年，陳九霖大學畢業。當年12月1日，陳九霖幾經周折，來到了民航北京管理局報到上班。後來，民航北京管理局分家、重組，分成民航北京管理局、中國國際航空公司和北京首都機場管理當局。而陳九霖在航空系統和航油系統的事業也一步步漸入佳境。

獄中兩次流淚

1996年11月16日，陳九霖被中國航油集團正式任命為新加坡中航油（新加坡）公司——後來的中國航油（新加坡）公司總經理。夏秀蘭任總經理助理；董事會成員除集團的高管——董事長胡有清外，還有2名董事：陳九霖和嚴家範。嚴先生是新加坡人（根據新加坡公司法規定，公司董事會必須有一名新加坡本地人任董事）。當時，國家批給的啟動資金是60萬新加坡元，但在這樣那樣的體制約束下，實際匯出的僅有48.6萬新加坡元（折合21.9萬美元，按當時匯率約150萬人民幣）。除掉租房和辦公用品外，所剩無幾。連辦公室都是借用的。陳九霖就是在這個基礎上起家的。

有航油集團的老長官們曾激動地對我說，沒有陳九霖就沒有航油系統唯一的上市公司。然而，公司出現了虧損之後，幾乎是他一人承擔了全部責任，並且遭遇牢獄之災。

入獄後，陳九霖體重由入獄之前的86公斤下降到出獄後的68公斤。在獄中，他不僅吃得很差，還一度睡在水泥地上。最後幾經周折，才申請來一個硬塑

料「床」，並且經過層層批准最終才找到幾個硬紙盒作為「床」墊，以避免塑料床的中部塌陷下去。

陳九霖回國之後，每次和朋友談起這些，往往是聞者動容，而他卻談笑自若。沒有人聽過他埋怨，也沒有人見過他哀傷。

當然，他也承認，他有過兩次悲傷流淚的時候。一次是2008年春節，他在獄中，已上初中的兒子由北京飛去新加坡，專門看他。父子相聚，在20分鐘的時間裡，本來陳九霖是想多安慰一下兒子，沒想到兒子卻反過來安慰他。也就是那一次，陳九霖事先已經向監獄方請求，希望能夠多延續幾分鐘的訪談時間。獄方答應多給5分鐘，不料到最後，看守人員還是粗暴地提醒會面時間已到，催父子分開。懂事的兒子依依不捨地離開，陳九霖把難過藏在了心裡。回到囚室時，才放聲大哭一場。

另一次，則是在他母親去世時，他本想盡快回到中國奔喪，可經歷多番周折，直到他母親入土為安之後陳九霖才得以歸國。母親的離世加上這個悲痛的插曲讓陳九霖傷心至極，止不住在母親墳前放聲大哭。

後記

對於外界的噪音，陳九霖的朋友說，他不會像別的名人那樣說「好煩、好煩」。正好相反，陳九霖能夠在鬧中取靜，坐看雲卷雲舒，繼續做他應該做的事情。陳九霖有一句口頭禪：「時間會沖刷一切；時間會解釋一切！」

一個網友送給陳九霖一幅模仿毛主席字體的字，上面內容為毛主席的詩：「暮色蒼茫看勁松，亂雲飛渡仍從容。天生一個仙人洞，無限風光在險峰」。陳九霖對此愛不釋手，大概是因為這首詩反映了陳九霖的心境和他應對嘈雜的心態吧。

我曾是石油行業的龍頭公司的「打工皇帝」

文／陳九霖

國企改革的核心，應該是去行政化。實實在在要把企業當作企業來辦。要發揮市場在資源分配中的決定性作用。

1997年，我帶著21.9萬美元，到新加坡去創業，實際上就相當於用現在的150萬人民幣起家，幫助中國航油新加坡公司還清債務之後，逐步將其打造成新加坡的一個石油、能源企業，成為新加坡第四大上市公司。從營業收入來看，它至今仍然是海外最大的中資企業。不過，2004年的一次重大虧損事件，我承擔了最主要的責任。

選擇擔當，留下遺憾

2004年12月5日，我接到新加坡當局透過航油集團發給我的一個函件，請我返回新加坡協助調查。事實上我是可以不去的，因為我已經離開那裡了，而且也意識到當時返回新加坡是凶多吉少。

我離開中國返回新加坡的時候，我媽媽是第六次中風。我返回新加坡之前，回到老家與她告別。我跪在我媽媽面前，我說媽媽，我忠孝不能兩全。到新加坡之後，天人兩隔。我媽媽在我被新加坡控制期間，離開了人世。

決策失誤，是輕信了下屬，還是輕信了組織？

沒有在最佳時期設定停損，這是事後反思出來的，當年犯下的一個很重大的失誤。第二個方面，就是在後期的危機處理方面，當時我的上級機構承諾對公司進行拯救，認為拯救是一個最佳的辦法，母子公司在這方面也達成了一致。但是到後期，也就是在拯救了50天之後，上級放棄了原定的方案，帳面的虧損變成了事實，形成了後來的實際的虧損。

擾亂新加坡金融秩序？莫須有！

後來發生的事件證明，我當時的判斷出現了重大的失誤。事後證明，新加坡的這種判決實際上有巨大的政治傾向。我覺得在這個事件過程中，我有商業判斷上的失誤，我只應該從商業的角度來承擔我應該承受的。至於説牢獄之災，至於説新加坡當局強加給我的所謂惡意擾亂新加坡金融秩序的這種説法，那是莫須有的罪名，那是商業事件政治化。

新加坡的監牢是以懲罰為主，它的一些做法是不人道的。我也看到很多囚犯，因為受到不公正的待遇，自殺的有，打抱不平的也有，自我沉淪的也有很多。沒有自由，又不能運動，連個説話的人都沒有。這種苦難，沒有蹲過監牢的人是很難想像的。

▎長官一句話讓我釋然

回國之後，有比較高層的長官接見我，接見我時第一句話就講，九霖你受委屈了。我覺得，我雖受了一些苦難，但這句話已經足夠讓我解脱。

返回央企，一是我自己有一個央企的情結。第二，對回歸央企，你説是鍍金也好，你説是漂白也好，你説是一種證明也好，我覺得對未來的發展都是必需的。

我覺得國企改革的核心，應該是去行政化。實實在在要把企業當作企業來辦。要發揮市場在資源分配中的決定性作用。

▎努力擺脱過去的負面影響

我的特長，就在投資和能源這兩個領域。在中央企業，坦率地講，到了60歲，無論身體多麼健康，無論你多麼有價值，你也得退休。與其等到那個時候退休然後無所事事，倒不如我早一點出來在社會上打拚。

搞任何企業，困難總是伴隨著整個過程的，約瑟投資也是一樣。譬如説有的投資人，他們認為既然新加坡當局做出了判決，就總有他的道理，所以在這個方

面，他們顯得有一些猶豫。甚至有那麼個別的投資人，在把資金投給我之後，還來問很多的情況，對當年的那個中國航油事件糾結不已。儘管我心裡已經放下了，但是他們還沒有放下。

我的夢想：買下一個能源帝國

中國是世界上最大的石油進口國，也是世界第二大石油消耗國。建立好石油期貨市場，直到能夠打造中國價格的時候，我們的話語權就會有所提高，話語權提高意味著我們成本的降低，意味著我們石油或者是能源的安全程度的提高。

實際上混合所有制改革，目前還是步履維艱。如果說（石油領域）有（准入）機會，我覺得我不會放棄這個機會，只要有朝一日，政策上能夠放得開，能夠實實在在地允許將各類有競爭力的所有制形式納入國有企業的改革中來，我覺得我應該是有我的優勢的。

未來我會做出一個有特色的投資控股公司，在能源領域做出一片藍海，做出一個有爆發性的事業來。當年一個（雜誌）封面人物，就提到陳九霖買了一個石油帝國。那麼今天，如果再有這麼一個封面雜誌，可以改成陳九霖買了個能源帝國。

談責任與擔當太沉重

文／陳九霖

當時有媒體講到，陳九霖為何不自殺謝罪，我立即予以反擊，我說自殺不是承擔責任的表現，恰恰是不負責任、沒有擔當的表現。

我感到，責任和擔當是一個很沉重的話題，因為我覺得，無論是一個人還是一個企業，有擔當和責任是一個底線。

也有很多名人講到責任和擔當的內容。比如維克多・弗蘭克曾經講過，能夠盡責是人類存在最重要的本質；邱吉爾說過，高尚、偉大的代價就是責任。中國

新聞社、中國新聞週刊關於企業社會責任的命題已經進行了11屆，我們也看到它造成了很積極的作用。但是，實際情況是不是有一個根本性的轉變呢？因為有暴利，所以去殺非洲大象，去取象牙，還有非常嚴重的霧霾，這都是我們不履行責任的後果。

我們走的路，經常挖了鋪，鋪了挖，這是履行責任嗎？企業有多少人承擔責任，又有多少人是因為不想承擔責任而跑路了？我們再想，有一些企業或個人簽了責任書之後，毀約沒有？我遇到過很多這樣的事，甚至有的企業連訂金都交了，最後還毀約，這種事情到現在還是比比皆是。因此我說，談責任與擔當太沉重。

當然，我不是站在道德的制高點談這個問題。作為一個商人，一個曾經有過輝煌，又曾經落魄，現在又東山再起的商人，我想分享我的故事，來談談如何實踐社會責任。

第一個故事，是我在2004年9月30日到2004年12月1日的經歷。大家知道當前的油價從100多美元一桶降到40多美元一桶，有多少做石油的企業因此遭受虧損。2004年我遇到一個比這更慘的時期，當時油價在一年內從20多美元一桶漲到50美元一桶、60美元一桶。當時我們做了石油衍生品，油價一下子把我們企業的帳面虧損推到了一個歷史高度。其實在此之前，美國的高盛給我們做過諮詢，提供過書面的預案，說我們的財務能力能夠承受今後若干年的油價波動，而事實上並非如此。

我記得，當時我在韓國渡假，突然接到一個通知，油價大幅度波動，企業出現嚴重的帳面虧損。於是我放棄渡假，從韓國趕回新加坡。瞭解情況之後，我發現這個事情確實很難解決。有人說這個事情不是我個人的責任，我現在可以立刻辭掉CEO的職務，讓其他人接手。我想過，但是沒有做，我認為男子漢大丈夫不應該被當前的困難壓倒。我從韓國回來的第一件事就是召集公司有關負責人開會，但是這個事情不是那麼容易處理的。當時我的心情很難平靜，想砸破玻璃跳樓，但是我沒有那麼做，我認為那是不負責任的。當時有媒體講到陳九霖為何不自殺謝罪的時候，我立即予以反擊。我說自殺不是承擔責任的表現，恰恰是不負

責任、沒有擔當的表現。

這件事情之後,我每天只睡三個多小時,來回奔波解決這個問題。但不是所有事情都是可以解決的,就像有人說的,有時候是宿命,我的宿命讓我承擔這個責任。最後,我以犧牲自己的方式來承擔了這個責任。

第二個故事,是我在2004年12月5日到12月8日的經歷。新加坡的事情發生之後,中國高層對此進行了一個充分的瞭解,認為陳九霖本人沒有謀求個人私利,甚至國務院國資委後來給新加坡法庭寫過一封信,提到陳九霖在這個事件中所做的一切工作都是為了減少損失,都是為了維護全體股東的切身利益。因此,國家把我調回中國國內,繼續從事中國航油集團分管方面的工作。12月5日,我接到新加坡方面的通知,要求我返回新加坡協助調查。這時候我的心情非常不平靜,也有很多人給我提出了合理的建議。其中有一個新加坡的富商給我打電話說,你千萬不要回來,回來是凶多吉少,你可以請求中國政府和新加坡政府來協調這個事情,上面解決好這個事情以後你再返回新加坡。

當時如果我不回新加坡,新加坡會凍結我在全球的銀行帳戶,不過我只是一個拿工資的人,也沒有多少錢,不回新加坡對我來講代價不是太大。

而且,當時我母親是第六次中風躺在病床上,已經奄奄一息。我新加坡的朋友告訴我,可以以這個理由不返回新加坡。但是我沒有這麼做,我認為這是不負責任的表現,如果不回去協助調查,這個事情很難在短期內得到解決。因此我還是毅然決然地返回新加坡,去承擔一個男子漢應該承擔的責任。

返回新加坡之前,我先到武漢,因為要看望我的母親。在機場,我看到很多媒體寫陳九霖應該承擔責任的時候,我寫了一首打油詩:縱有千千罪,我心坦然對。竭忠為大眾,失誤當自悔。我在飛機上看到很多記者坐在我後面,跟隨著我。美國《華爾街日報》的記者甚至提前趕到我老家。

回家以後,我什麼事情都沒有講,只是跪在母親的面前,說:「媽媽對不起,忠孝不能兩全,我只好回到新加坡,把新加坡的事情做好之後,再回來全心全意伺候您。希望您多活一些時間,等待兒子歸來」。這時候全村的人圍在病床前哭喊著,我爸爸說:「你回去吧,家裡的事情我來處理」。於是,我坦然地回

文化與創意

到新加坡。

沒想到，到了新加坡之後，12月8日凌晨，我還沒有接受調查就被逮捕了。我問逮捕我的警員為什麼？他說去問他的上級。然後我向他要他上級的電話。他說對不起，沒有。我讓他給我看逮捕證，他說沒有，我只好配合。所以我在新加坡遭受了很長的羈押。

「樹欲靜而風不止，子欲養而親不待」。就在我被羈押期間，傳來噩耗，我媽媽離開了人世。這時候我沒有什麼能做的，只好買來紙錢，買來香，跪在地上給遙遠的媽媽燒香、燒紙錢。同時我請求新加坡當局及時放我奔喪。中國政府說新加坡應該基於人道主義讓我回去，但是新加坡方面提出了很多這樣那樣的事情，10多天後才正式批准我回國奔喪。那時候天氣非常炎熱，我的媽媽已經入土為安。我回來之後，只能跪在我媽媽的相片前痛哭一番，其他的我什麼也做不了。所以為了承擔責任我付出了巨大的代價。

我離開新加坡返回中國的時候，中國政府有關方面為我提供了上千萬的資金做擔保。很多人說，陳九霖你可以不回去了，因為擔保的資金不是你本人的錢。而且到現在為止，也沒有查出你有什麼問題，你不要去承擔那個責任。我可以這麼做，但是我最終還是選擇回去。在我離開武漢機場去新加坡的時候，我修改了一首古詩來形容當時的心情——「風蕭蕭兮易水寒，壯士一去不復還。人人都有不歸路，何須計較長與短！」我為了承擔責任把生命拋在了腦後。

講到這裡，我沒有更多要說的了。我覺得，這是我應該做的事情，這不是一個道德高尚的人才該做的，而是一個普通人、一個商人應該做的。

我想起了老子的兩句話，一句是「天下皆知美之為美，斯惡已；皆知善之為善，斯不善已」。意思是說，天下人都知道美之所以為美，那是由於有醜陋的存在。都知道善之所以為善，那是因為有惡的存在。另一句是「大道廢，有仁義；智慧出，有大偽；六親不和，有孝慈；國家昏亂，有忠臣」。意思是說，大道被廢棄了，才有提倡仁義的需要；聰明智巧的現象出現了，偽詐才盛行一時；家庭出現了糾紛，才能顯示出孝與慈；國家陷於混亂，才能出現忠臣。

魯迅曾經寫道：「渡盡劫波兄弟在，相逢一笑泯恩仇」。我最後想藉此說的

是：「渡盡劫波兄弟在，相逢一笑守初心！」

「股神」是對巴菲特的曲解

文／陳九霖

外界給巴菲特冠以「股神」稱號，其實是對巴菲特的曲解，也是對他智慧的片面認識。

2015年5月1日，我前往位於美國內布拉斯加州、人口不足40萬的奧馬哈小鎮，參加巴菲特旗下公司波克夏・海瑟威公司第50次股東年會。

十五六年前，我還在新加坡工作時，中國航油戰略投資部主任曾煒就常常在我面前提及華倫・巴菲特。

他和許多人一樣，稱巴菲特為「股神」。記得有一次，他甚至對我說：「陳總，總有一天，你會成為巴菲特式的人物」。我那時無知，並不瞭解巴菲特是何方神聖，我只是埋頭展開國際大筆併購，希望像當時《中國企業家》雜誌描寫我的一篇封面人物文章中所說，「買來個石油帝國」。

因此，即使是成為「神」，我也不希望變成一個「炒股票」的人。後來，在我更多地瞭解巴菲特之後，才發現他並不是大眾眼中頂禮膜拜的「神」，更不單單是一個股票交易員，而是一個值得終身學習與敬重的人。

當天的股東大會從早上八點半開始，一直持續到下午三點半。除了播放宣傳片和午餐外，會議的主要內容還是85歲的巴菲特先生以及他的終身搭檔——91歲的查理・孟格先生回答股東和其他與會者的提問。

會議一結束，巴菲特和孟格就不顧勞累，徑直走到我們等候的209小會議室，小範圍地和我們交流。

我坐在第一排，巴菲特和孟格坐在我的對面。交談後，我們合影留念。當我將我的新書《地獄歸來》送給巴菲特時，他親筆給我寫了一封賀函，並表示他期待《地獄歸來》英文版問世。一旁的孟格先生還特意擺好了姿勢示意我拿著《地

獄歸來》與他合影留念。

在我近距離接觸過巴菲特後，我瞭解到巴菲特並不喜歡別人稱他為「股神」。不僅如此，在我當面聆聽過他的人生經歷後，我越發感到，外界給巴菲特冠以「股神」稱號，其實是對巴菲特的曲解，也是對他智慧的片面認識。

稱巴菲特為「股神」的言外之意，是把巴菲特只看成是一個「炒股票」的，同時，也認為巴菲特今天的成功有「神」一樣的運氣。

事實上，這與巴菲特的實際情況大相逕庭。他不僅僅在二級市場買賣股票，也有投資併購。比如，我此次訪問的波克夏·海瑟威的全資子公司——商業資訊公司（Business Wire），就是巴菲特於2006年與原股東直接談判而達成的併購交易的成果。

我問公司CEO當年的併購過程，得到的回答是，那次交易非常簡單：Business Wire的原股東年事已高，希望脫手，而巴菲特又看中了公司充足的現金流。於是，買賣雙方一拍即合，似乎少了很多外界揣測的你來我往的拉鋸談判情況。

此外，我還參觀考察過被巴菲特併購的內布拉斯加家具商場。接待人員解釋說，巴菲特看中了公司當時的規模，雙方僅僅簽署了一頁紙的協議就完成了整個併購。而這個6000萬美元的交易竟然是巴菲特當時最大的併購交易。除此之外，巴菲特還擁有5家保險公司，他還親自經營紡織廠十幾年。所以，巴菲特實際上是「三位一體」：投資人＋企業家＋保險家。

現如今，更多人看到的都是巴菲特功成名就的一面，卻忽略了他艱苦創業的經歷。深入瞭解巴菲特的人生經歷才知道，他小時候送過報紙，買賣過土地，做過彈珠台的生意。而他進行股票買賣則是受其做股票經紀人的父親的影響（他的父親後來經由競選擔任過參議員和眾議員）。

似乎很少有人關注巴菲特成功背後的軌跡。值得注意的是，他50歲時的財富是1億美元，55歲時為1.5億美元，直到2008年才達到628億美元，一舉成為世界首富。所以說，巴菲特今天的財富是厚積薄發，逐步積累起來的。

在這次股東大會上,巴菲特用「滾雪球」來形容他今天的財富和其他成就的過程。

他說:「波克夏・海瑟威公司的商業模式並不擔心別人複製,因為它是長期而艱難地發展起來的。很多人等不了那麼久的時間」。

其實,巴菲特除了一開始就受其恩師的影響而自始至終地堅持價值投資理念外,他的商業模式也是經過不斷摸索與完善的。他曾經很長時間把波克夏・海瑟威公司當作一家紡織廠來經營,只是在經營過程中發現了機會才將公司逐步發展成現在的投資控股集團。

今天的波克夏・海瑟威公司資金充裕,每天帳上資金高達200多億美元。

但在創業初期,巴菲特也像現在的其他「創客」一樣,曾四處募集資金,並屢遭挫折。1957年,他還只是在為幾個親戚朋友打理區區30萬美元。當年,在泌尿科醫生愛德溫・戴維斯等5個主要合夥人的幫助下他才拿到50萬美元的創業資金,其中,戴維斯醫生拿出了10萬美元。1960年,他又在心臟醫生威廉・安格爾的幫助下,透過多次演講,進行今天我們所說的「群眾募資」,取得了11名醫生的資金。

巴菲特也曾遭遇多次重大投資失敗,他在第50次股東年會上舉例說,他用股票收購過的一家英國公司,就曾損失了60億美元。他也曾經歷過幾次股市下跌而導致的重大帳面虧損。

「神」是《聖經》中的形象。依據《聖經》,人是神的受造物,人不可能成為神,人只能信仰神、敬畏神。誠實地說,我不希望巴菲特是「神」,因為我要向巴菲特學習,期盼有朝一日成為他那樣的人。巴菲特對我說,他也不想別人把他視為「神」,他希望他的精神能得以傳承,甚至青出於藍而勝於藍。

巴菲特告訴我,他最崇拜的人是美國鋼鐵大王卡內基,他尤其喜歡卡內基的一句名言:「人生最大的失敗就是死後依然留有幾百萬美元的財富」。

因此,巴菲特四處演講,並愛好寫作,散布財富。他在用實際行動實踐佛教

的「財布施、言布施、法布施」與傳經送寶之道，雖然他並沒有佛教傾向。

巴菲特的智慧與人格魅力使其在全世界擁有萬千擁躉，我也是其中之一。但在我看來，學習巴菲特不能東施效顰，而是要學習他的精神內涵；不是學習達到他的財富高度，而是要學習觸及甚至延伸他的思想深度。

除了在「術」的層面上學習巴菲特的「價值投資」理念、「長期持守」原則、不斷完善的「股票投資＋實業併購＋保險金融」的商業模式外，還要在「道」的層面上學習巴菲特的「滾雪球」的心力、不畏艱苦堅持創業的毅力、保持專注做到極致的作風、反哺社會的精神。

最後卻也最重要的是，創業也好為人也罷，我們都要耐得住寂寞、孤獨與冷落。這個世界上，幾乎90％以上的人都只看到眼前利益，不會憧憬未來的風景，殊不知，巴菲特是熬過了多年的清苦才最終達到今日的成就。

在股東年會上，我還觀察到的一個細節是，即使在如此隆重的50週年股東大會上，人們還是習慣把目光僅僅集中在巴菲特身上，卻忽視了僅次於巴菲特的查理・孟格。但熟知巴菲特的人應該瞭解，沒有孟格就不會有今天的巴菲特。但大會上很少有人向孟格提問。他始終被冷落在巴菲特的光環之外。

在209會議室小範圍會面結束後，代表團成員也都向巴菲特蜂擁而去。但這一次，我選擇走向孟格，去打破他的孤獨。

其實，我內心想，如果有另一個巴菲特值得我去輔佐，我寧願去「享受」孟格的孤寂。

我眼中的褚時健

文／陳九霖

很久以後，不知道褚時健是不是還會留在人們的記憶之中，會不會進入未來的教科書或者勵志書籍。但是，他有著和范蠡、胡雪巖相似的人生，那就是他們都有過輝煌，也都遭遇挫折。

1999年，我在中國航油（新加坡）股份有限公司工作，有一天和時任中國駐新加坡大使館公使銜商務參贊董松根一起運動健身時，董參贊突然發出一聲感嘆，告訴我雲南玉溪捲菸廠（紅塔集團）董事長褚時健被捕的消息。

褚時健將一個瀕臨破產的小捲菸廠發展為一年利稅300多億元的行業巨頭，最終卻因為私分了「小金庫」的錢，落到被判處無期徒刑的下場。董參贊感嘆說：「一個人做了10件好事，功勞再大，哪怕有1件事情做得不對，也會落得如此不堪的下場。人生的悲哀莫過於此。你不做事情，可能一輩子順風順水；但你一做事情，就有可能犯錯。10件事情9件光輝，卻也不足以抹去1個陰影」。

董參贊當時說的這句話，並沒有引起我太大的共鳴。那時的我年輕氣盛，可謂「初生牛犢不怕虎」。但是，褚時健這個名字卻牢牢地被我銘記在心。

沒想到5年之後，也就是2004年10月，正是我的事業順風順水在向更高的山峰攀登之時，人生卻發生了重大變故，類似於褚時健事件的波折也發生在了我的身上。

2012年，在我告別26年央企生涯獨自創業時，恰逢「褚橙」透過互聯網銷往各地大賣之時。我比褚老年輕33歲，他從輝煌到跌倒，再到從國企出來自己做企業，終於又東山再起。雖然我們遭遇波折的起因有所差別，但褚老經歷的這三個階段跟我的經歷卻有著驚人的相似之處。所以，很早我就萌生了帶著「朝聖」的心理去拜訪褚老的想法。

在我的人生中，不少事情都應了「心想事成」這個成語。比如說，我曾經非常想去拜會華倫‧巴菲特先生，後來終於達成了心願。對於拜見褚時健先生也是一樣，在2015年中秋節前，我的老朋友，信諾傳播的曹秀華董事長突然給我打了一個電話。她說：「九霖哥，中秋之夜，要不要去雲南，和褚老爺子見個面？如果願意，就帶著夫人一起，去褚老爺子家過中秋」。我欣然同意。

中秋之夜，在褚時健先生位於玉溪的別墅裡，我們與褚老共進晚餐。在褚老看完《新聞聯播》之後，他與我聊起了當年的「中國航油事件」。他說，那個事件他至今還記得，在當時是個轟動全球的事情。褚老還對我說：「你受了不少苦啊！」後來，他又詢問我離開央企後創辦北京約瑟投資有限公司的情況。我與褚

文化與創意

老相談甚歡，也感覺相見恨晚。

2015年農曆八月十六的晚上，在褚橙莊園，我與褚橙莊園董事長、褚老的夫人馬靜芬女士也聊得非常投機，我們談到了企業的發展、公司資本運作等內容。她對我說：「我家老頭子對你印象深刻，他對當年『中國航油事件』也非常瞭解」。

9月29日，在我們一行離開褚橙莊園的時候，馬靜芬女士早早起來為我們送行，並單獨和我聊了很久。我們進一步談到企業直接融資和間接融資等問題。在我的印象裡，在此次拜訪褚老的11人中，只有兩個人與褚老有直接交流，而我是兩人中與褚老交流時間最長的那一位。由於我那幾天特意早起晚睡，我也是唯一逛遍了860多萬平方公尺褚橙莊園的人。

李敖說：「其文五百年不朽；其人一千年不朽」。在中國歷史上，商人如天上的繁星、海邊的沙子一樣多，但真正能名垂青史的並不多。讓我記憶比較深刻的有兩個：一個是幫助越王勾踐復國的范蠡，自號陶朱公，其間三次經商成巨富，又三散家財；第二個是清朝的胡雪巖，他在各省設立阜康銀號20餘處，並經營中藥、絲茶業務，他曾經非常輝煌，但下場卻十分悲慘。

我一直在思考，為什麼歷史上商人如此之多，卻只有少數像范蠡、胡雪巖這樣的人被世人所銘記，而那些賺了大錢的巨賈豪富卻被人們淡忘了呢？

很久以後，不知道褚時健是不是還會留在人們的記憶之中，會不會進入未來的教科書或者勵志書籍。但是，他有著和范蠡、胡雪巖相似的人生，那就是他們都有過輝煌，也都遭遇挫折。

我本想寫一點介紹褚老在企業創立、發展和管理方面的經驗的內容，讓其他企業家能從中學到些許經驗。但是，和褚老、馬老見面，並參觀褚橙莊園之後，我發現，在這些方面，做得比褚老更好的人可能比比皆是。甚至與很多成功的企業家相比，褚老在商業模式、資本運作等方面還略遜一籌。比如，褚老只知道以「滾雪球」的傳統商業模式把企業從小做大，只知道從銀行借貸等間接融資手段，而沒有現代企業發展中的連鎖經營、複製迭代、資本運作等思想，甚至他還說，上市都是騙人的鬼把戲。

褚時健身上的亮點很多，但最大的亮點應該是：曾經的「菸王」、「罪犯」，跌入谷底之後東山再起，一躍成為如今的「橙王」。王石自稱是褚時健的粉絲，稱讚褚時健是中國匠人精神的傑出代表；嚴介和說中國最稀缺的就是像褚時健這樣的企業家；柳傳志說褚時健「就是一個下金蛋的母雞」。我覺得，在褚老身上，最值得商人甚至其他各界人士學習的恰恰是他的企業家精神。

關於企業家精神，管理大師彼得・杜拉克等提出了創新、冒險、合作、敬業、學習、執著和誠信七大要素。褚時健老先生身上就具有許多這類特質，尤其是有著不服輸的性格。他在曾經的輝煌中跌倒，但在跌倒後又一次創造了神話，這股不服輸的勁兒不就是杜拉克所說的執著嗎？

巴頓將軍說：「衡量成功的標準不在站立頂峰的高度，而在跌入低谷的反彈力」。做企業真的非常艱難，人生也有諸多的困難。褚老能夠創造輝煌，能夠從失敗中崛起，能夠從谷底再次攀上高峰，這種精神是最值得敬佩的。

著名經濟學家張維迎曾說：「商品經濟＝價格＋企業家。企業家是市場的主體，無論是資源配置，還是技術進步，都來自企業家精神的發揮和應用」。在眼下這個大眾創業、萬眾創新的時代，資金、技術等要素供給日益充裕，而企業家精神恰恰成為最珍貴的稀缺資源。

人類社會已經進入了一個遵循摩爾定律的訊息時代，技術與商業模式日新月異，企業家只有以夸父逐日般的執著，咬定青山不放鬆，才能屹立於市場而處於不敗之地。執著和冒險精神越來越成為傑出企業家的必備品質。對一個企業家來說，不敢冒險是最大的風險，不能面對挑戰和逆境則是最大的弱點。化危為機、把逆境當作反彈前的歷練，是褚時健面對困境時的本能反應，而這正是對企業家精神的精確詮釋。

在中秋晚會上，馬靜芬女士親自安排我坐在她的旁邊，並邀請我上台講幾句話。在講話中我就提到，在我的心中，褚老的精神可以被概括為兩句話，「人生總有起落，精神終可傳承」，以及「自強不息，厚德載物」。我指著當時掛在褚橙莊園上明朗而圓滿的月亮說，我願以這兩句話祝願褚老、馬老的企業家精神，就像皎潔的月亮那樣，照亮世人，長久傳承。

盼「寶萬之爭」勿重演中國航油事件的歷史悲劇

文／陳九霖

同樣是「合夥人制度」，馬雲和任正非建了一座橋，而王石卻挖了一個坑。身為企業的掌舵者，尤其是想做一番事業的企業家，要學會用好手中的槓桿和工具。

2016年6月24日，「寶能系」提請罷免萬科10名現任董事和2名監事，「寶萬之爭」戰火重燃，各方力量參與其中，相互較勁、各出奇招，讓人眼花繚亂。而媒體則鋪天蓋地地報導，謾罵與支持之聲不絕於耳。這讓我想起了發生在12年前的中國航油事件。當時，我因為一件極其普通的商業偶發事件，被人為地推到了火山口，獨自在新加坡苦苦應對，甚至差點選擇了卻自己的生命。作為一個過來人，我以雲淡風輕的態度，對當下的「寶萬之爭」發表一些自己的看法。

第一，「寶萬之爭」的前景還不明朗，存在較大的不確定性和風險性，需要各方謹慎應對。從6月24日寶能提出議案，華潤不出聲表態，到27日深交所發函調查華潤和寶能的一致行動人關係，再到華潤態度反轉，表態「有異議」，又到證監會、保監會對此事給予極大關注，直至華潤管理層否決臨時股東大會提議……。事件的發展已經大大超出各方原有的預期。原本是市場經濟下的一次資本運作，卻被放大並冠以更多的意義和聯繫……。但新的風險甚至更大的風險仍然存在，管理層變動、股價動盪都將成為影響未來收益的因素，由之可能帶來的獨立董事制度、惡意收購甄別措施等變革，都將對市場產生深遠的影響。我謹提醒：無論是投資者，還是管理層，抑或其他關聯方，都須防範事態的擴大和其他可能進一步發酵的未知風險。

第二，市場規律應該得到尊重，包括監管機構、政府部門在內的有關單位也要克制。「寶萬之爭」至今，要求政府出面的聲音不絕於耳，甚至有萬科員工到政府請願「保衛萬科」，要求行政干預。事實上，政府的態度前前後後也發生了些微轉變。2015年12月18日，證監會發言人首次談及「寶萬之爭」，稱這是市場行為，還認為「只要符合相關法律法規的要求，監管部門不會干涉」，之後卻

改變態度表示「高度關注」。深交所6月的發函更是邁出了實質性的一步。

我一貫認為市場有其自身的運行規律和調節機制，雖然可能需要一段時間的調整，但其自身的規律終將有效地解決問題。只要沒有觸犯法律，沒有違背相關規定，政府無須立即實施行政干預。新加坡當年處理中國航油事件的不當做法，值得大家吸取教訓。有此前車之鑒，中國有關機構也好，「寶萬之爭」當事人也好，一定要實事求是、冷靜觀察、理性決策。各方都要依法行事，去掉情懷，不能盲目從眾，尤其要嚴防商業事件政治化（在某種意義上講，大打情懷牌也是一種政治）！坦率地説，儘管大家都不願意看到「寶萬之爭」的亂象，但客觀地講，該事件對培養市場意識和公眾意識也是具有積極意義的。

第三，「寶萬之爭」值得企業家反思與借鑒。俗話説，商場如戰場，無論是王石，還是褚時健和我本人，都是摸爬滾打，從槍林彈雨中走過來的。要想做點事情，總是會歷經風雨，有時甚至「躺著也會中槍」。因此，王石也要調整心態，上帝給你關上一扇門時，一定會給你打開七扇窗。所有企業家一定要學會保護好自己、保護好企業，尤其要從做好制度的設計工作上著手，包括創立優秀的合夥人制度。仔細觀察，萬科的「落難」源於其沒有設計好合夥人制度。合夥人制度最大的特點在於股權的分散和共同所有。從2014年4月推出「事業合夥人」持股計劃以來，萬科本來想實現利益共享，激發員工積極性，卻沒有設計好有效防範惡意收購的門檻。萬科面臨大股東「逼宮」的主要原因是，沒有把企業的所有權和控制權割離清楚，在分散的股權結構下，管理層的話語權日漸式微。與之對比，阿里巴巴和華為也同樣採用了合夥人制度，卻運行良好。阿里巴巴保障了創業團隊對董事會人選的提名權；華為透過全員持股構建了更大的合夥人組織，但也保障了初創團隊的控制權。同樣是「合夥人制度」，馬雲和任正非建了一座橋，而王石卻挖了一個坑。身為企業的掌舵者，尤其是想做一番事業的企業家，要學會用好手中的槓桿和工具。

無論「寶萬之爭」的結果如何，由此而帶來的國有股東、私有股東、監管層、管理層之間的角力，毫無疑問將會留下濃墨重彩的一筆。歸根到底，這本是一場資本與管理之間博弈的商業行為，因此我不希望看到類似於中國航油事件那

樣的過分濃重的行政與政治色彩。上帝的歸上帝，凱撒的歸凱撒。政治與商業交互在一起，不僅會使事情更加複雜化，還一定會造成惡劣的後果！發生在12年前的中國航油事件為整個商界提供了深刻的教訓，也為處理好「寶萬之爭」貢獻了借鑑；但願「寶萬之爭」能夠得到圓滿解決，從而成為後來者學習的榜樣，而不是重蹈當年中國航油事件的歷史悲劇！

盈利為先，因時而變

文／陳九霖

千萬不要套用什麼模式。阿里巴巴今日成功不一定明日不會失敗；阿里巴巴的成功模式放在其他企業不一定就會同樣成功；阿里巴巴的成功也不一定就是馬雲所說的「客戶第一、員工第二、股東第三」的模式的結果。

「客戶第一，員工第二，股東第三」：阿里巴巴董事局主席馬雲的這一觀點與華爾街盛行的「股東第一」背道而馳。在傳統理論（尤其是華爾街投資人的觀點）看來，股東大於「天」。華爾街認為，股東出資建立企業的根本目的就是為了賺錢，企業是為股東賺錢的機器，應該把股東利益放在首位。而馬雲認為，企業只有把客戶和員工利益放在前面，「以客戶為中心，以市場為中心，改變自己適應別人」，這樣股東才能賺到錢。從根本上說，馬雲和華爾街的最終目的是一樣的，那就是盈利。從道的層面講，股東建立企業的根本目就是要得到回報，之後會反過來回報社會，履行企業的社會責任。因此，從道的層面看，馬雲的觀點與傳統理論的根本目的並非相悖！

至於如何排列客戶、員工和股東這三個要素的順序，事實上是術的層面。從這個層面講，馬雲把客戶放第一、員工放第二實際上是實現股東回報的技術手段而已。在他看來，先有了客戶才能賺到錢，賺到錢才能回饋股東。而維護客戶關係、挖掘和維護客戶的當然是員工。所以，員工得排第二。但其最終的落腳點還是股東利益。

馬雲稱，「客戶第一」的觀點主要是出於對「人」的考慮。他認為人將成為

21世紀的核心要素，只要客戶滿意了，員工滿意了，股東一定會滿意。股東不一定總是對的，最終的決定還是要企業的經營者來做。馬雲的觀點不無道理！現今社會，科技手段的輔助讓人力逐漸擺脫傳統機械性勞動，人之所以為人的作用正逐步顯現，人所具有的創造性將會發揮越來越大的影響。因此，自然要重視人的作用。可是，無論股東、客戶還是員工都具有本身的能動性，相輔相成，難以劃分哪類人具有更高的價值。況且，人非聖賢孰能無過，股東不能保證決策一定是對的，企業的掌舵者亦如是。因此，尊重人的要素、發揮人的作用，就應該讓不同的人群發揮不同的作用，因時而動，因勢而變。企業要想保持盈利，就要具有在不同形勢下都可以有效應對的一套體系。在這種情況下，細分客戶、員工和股東哪個最重要，就沒有那麼大的意義了！

以我在企業工作近30年並長期經營企業的經歷來看，在企業發展的不同階段，客戶、員工和股東的重要性和優先程度是不一樣的，不一定要被一成不變的觀點束縛住。為什麼這樣說？因為從根本上講，企業存在的目的就是為了盈利，這三者的重要性也應從盈利的角度出發，因時、因地、因勢、因企而變。

我認為，有時候股東應該被放在優先位置，尤其是在企業起步階段和創業融資時期。不言而喻，巧婦難為無米之炊，沒有資本，沒有股東投資，能夠建立起企業嗎？哪個企業在融資之時，不是向股東展示企業會給股東帶來多大回報呢？誰能對股東說，「我向你融資就是為了客戶和員工」？因此，這個階段，理所當然地就是股東第一、員工第二、客戶第三！

獲得融資之後，創業初期，員工是最重要的資源，建立一支分工明確、高效運作的團隊，是企業能夠良好運營的重要保障。很多企業會花大價錢聘任優秀人才。只有組織架構搭好了，才能保障公司的運行，才能為客戶提供高質量的產品或優質的服務以完成原始客戶積累。這樣，才能有足夠的能力吸引股東的資金，把企業做大做強。在這一階段，自然就是員工第一、客戶第二、股東第三了！

等到公司穩定運作，有了相對穩定的現金流和客戶群體的時候，爭取融資以擴大規模就成為企業發展的頭等大事。在這一階段，股東的重要性自然被再次提到最高，企業必須滿足股東要求，對企業進行一定的改制和完善，甚至得遷就股

東上市、分紅、回購等要求。因此，這一時期，股東第一，客戶第二，員工第三。

獲得融資後，公司規模擴大，現金流增加，公司想要做大做強，重點自然會放在全力維護及拓展客戶關係上。這時候，是客戶第一，員工第二，股東第三。

除此之外，因行業不同，各個要素的順序也不一樣！阿里巴巴作為中國電商的領軍者，自然是以維持穩定的客戶市場為主。但投資銀行之類的企業，企業最核心的資產是人才，因此員工的重要性非常突出，大多數情況下應該是員工第一、客戶第二、股東第三！作為基金類企業，其順序應該是：LP（可視為股東）第一、員工第二、客戶（項目）第三！

綜上可見，在企業發展的不同階段面臨著不一樣的資金、市場或者人才需求；不同性質的企業，其股東、員工和客戶的位置排列也存在不同。在我看來，沒有必要對這三者進行硬性排序，最重要的就是把企業的根本利益放在前面。只要想清楚企業的長遠戰略和現階段的目標與運營目的，就能因時制宜，選擇最適合企業自身發展的觀念和道路。千萬不要套用什麼模式！阿里巴巴今日成功不一定明日不會失敗（連比爾蓋茲都警言：「微軟離破產只剩下73天了」）；阿里巴巴的成功模式放在其他企業不一定就會同樣成功；阿里巴巴的成功也不一定就是馬雲所說的「客戶第一、員工第二、股東第三」的模式的結果。儘管馬雲一直聲稱客戶第一、員工第二、股東第三，但阿里巴巴在其經營過程中未必在各個領域、各個階段都是如此！

一言以蔽之，企業發展的每個階段都有不同的使命和任務，各個企業也有區別，做企業最核心的內容就是創造財富、創造價值，其他的都是實現根本目的的方式和方法。因地制宜、因時制宜、充分考慮企業自身情況、活用各類資源才是企業制勝的根本之道。

撰稿人

張海，山東濰坊人，職業電影工作者。從事兵器設計的作品有《狄仁傑之通天帝國》、《關雲長》等。擔任製片人的作品有《目擊者》、《君子道》、《遊艇風暴》等。

李軍奇，目前任南方週末報系《精英》雜誌副總經理兼採編中心主任職位。有逾15年的媒體採編經歷，服務過多家著名媒體，在《華商報》報社參與創辦過西北大型的門戶網站——華商網；在南方報業，他積極探索移動互聯時代傳統媒體的轉型，曾獲「南方報業2012年度記者」稱號。著作有《帶一本書去西安》、《零經驗同盟》等。

原業偉，《出版商務週報》記者，曾經做過圖書編輯、電子書編輯，關注出版產業創新。

沈威風，財經作家，媒體人，互聯網從業人員。曾就職於《經濟觀察報》，先後在凡客誠品、滴滴打車和阿里巴巴等公司從事公關品牌方面的工作。出版作品有《淘寶網：倒立者贏》、《職場紅樓》、《職場金庸》等。

崔澄宇，網名「小刀崔」，書痴，媒體人，太極拳愛好者。與長江商學院EMBA合作，撰寫《長江長》企業家訪談。

陸新之，商業觀察家，亨通堂文化傳播機構的創辦人之一，德豐基金合夥人，北京華育助學基金會理事，長期致力於研究中國商業環境轉變和解讀企業案例。

陳久霖，又名陳九霖，前中國航油（新加坡）股份有限公司執行董事兼總裁，現任北京約瑟投資有限公司董事長。他執掌中國航油期間締造了一個商業傳奇，被稱為「航油大王」。後因中航油事件入獄服刑，出獄後再戰商界。

國家圖書館出版品預行編目(CIP)資料

文化與創意 / 陸新之 著. -- 第一版. -- 臺北市：崧燁文化，2019.01

面 ； 公分 -- （常讀.人物誌）

ISBN 978-957-681-734-2(平裝)

1.傳記 2.中國

782.18　　　　　107023048

書　名：文化與創意
作　者：陸新之 著
發行人：黃振庭
出版者：崧博出版事業有限公司
發行者：崧燁文化事業有限公司
E-mail：sonbookservice@gmail.com
粉絲頁　　　　　網　址：
地　址：台北市中正區重慶南路一段六十一號八樓 815 室
8F.-815, No.61, Sec. 1, Chongqing S. Rd., Zhongzheng Dist., Taipei City 100, Taiwan (R.O.C.)
電　話：(02)2370-3310　傳　真：(02) 2370-3210
總經銷：紅螞蟻圖書有限公司
地　址：台北市內湖區舊宗路二段 121 巷 19 號
電　話：02-2795-3656　　傳真:02-2795-4100　　網址：
印　刷：京峯彩色印刷有限公司（京峰數位）

　　本書版權為西南財經大學出版社所有授權崧博出版事業股份有限公司獨家發行電子書及繁體書繁體字版。若有其他相關權利及授權需求請與本公司聯繫。
定價：250 元
發行日期：2019 年 01 月第一版
◎ 本書以POD印製發行